Günter Obergruber

Auch Opi war mal jung
Gedanken an früher

Günter Obergruber

Auch Opi war mal jung

Gedanken an früher

Rediroma-Verlag

Bibliografische Information der Deutschen Nationalbibliothek:
Die Deutsche Nationalbibliothek verzeichnet diese Publikation in der Deutschen Nationalbibliografie; detaillierte bibliografische Daten sind im Internet über http://portal.dnb.de abrufbar.

ISBN 978-3-98527-027-9

www.rediroma-verlag.de
14,95 Euro (D)

Inhalt

Vorwort

Es war einmal ein Mensch, … manchmal geht er aufrecht.
Man versteht seine Sprache, … zumindest Teile davon.
Er hat Gefühle, … zumindest verspürt er Schmerzen.
Er ist intelligent, … er weiß, wo die Toilette ist.
Er liebt Menschen, … wenn's ned grad nerven.
Er hat Stil, … meist befindet sich dieser am Besen.
Er hat Klasse, … neun an der Zahl ohne Wiederholung
Er hat viele Freunde, … Tick, Trick und Track
Er steht auf Frauen, … hinterlässt tiefe Eindrücke auf ihnen
Er arbeitet, … asooo?
Er weiß, was er will, … meist was essen
Er versteht die Menschheit … häääääh??
Er beschreibt seine Erinnerungen … is des notwendig, muss das sein?

Ja es muss, denn es gibt immer noch Menschen die glauben, dass man im Leben nur mit studieren, arschkriechen und witzlosem Auftreten von der Menschheit akzeptiert wird. Nein, es ist der Anfang neuer Intilenz!!! Blödeln vereinfacht das Leben mit Menschen einer hochgezüchteten Bevölkerung, die nur mehr Druck, Verbissenheit, Stress, Erfolg, Geld- und Machtgier kennt, die sogenannte Hetzgesellschaft. Hier wird in humorvoller Art beschrieben, wie man vor einigen Jahrzehnten über die Runden kam. Nur einige wenige wissen noch, was richtig leben heißt. Für die soll dieses Büchlein sein und natürlich auch für die, die aus dem Jammertal wieder ins echte, richtige Leben zurückwollen.

Hier liest man von (bis jetzt) unentdeckter „Intilenz“ die mich durch die zähen Jahre meiner Jugend brachten. Nimm dir Zeit und komm mit auf meine Zeitreise in eine wirklich schöne Vergangenheit.

Meine Lebensweisheiten:

Mach, was du kannst, es füttert dich durchs leben
Mach, was du liebst, es versüßt dir dein Leben
Mach Spaß, es bringt dir Freude im Leben
Sei ehrlich, es bringt wahre Freunde
Blödle rum und du hast einen nachhaltigen Ruf

Erlebe jetzt dein Leben, später kann es zu spät sein.

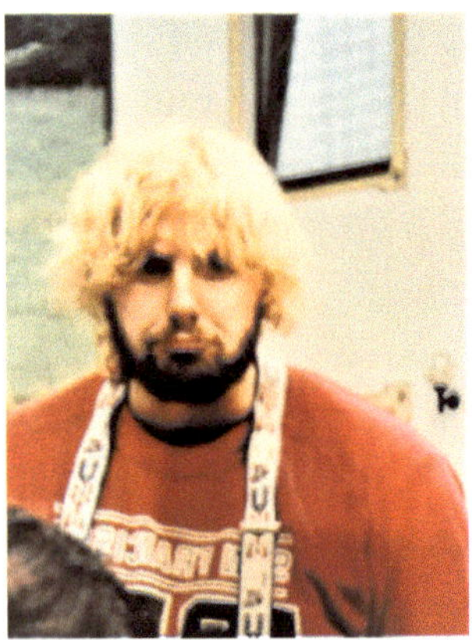

Die Geburt eines verrückten Charakters

Es geschah an einem trüben einunddreißigsten Tag im Mai des Jahres 1966. Es war ein Dienstag, so gegen 6.40 früh.

Noch war die Welt in Ordnung, doch in wenigen Minuten sollte Opa zur Welt kommen. Der kleine Stinker, der seiner Mutter über neun Monate lang im Magen oder etwas darunter lag.

Die Geburt verlief fast unproblematisch, wenn man davon absieht, dass sie achtzehn Stunden dauerte, es eine Zangengeburt war und dabei fast ein Menschenleben gekostet hatte. Das Opfer: der Arzt. Dieser erlitt fast einen Herzanfall, als er den Kleinen aus seiner Mutter rausholte. Günni wehrte sich schon damals dagegen, an einem Leben auf dieser Welt teilzunehmen.

Ein 3,75 kg schwerer und 52 cm großer Körper mit blondem gelocktem Haar und blauen Augen erblickte das Licht der Welt. Furchtbares Geschrei hallte durch die Gänge des ländlichen Krankenhauses, denn er hatte damals schon ein kräftiges Organ, das ihm später mal noch zugutekommen würde. Die Freude über den neuen Erdenbürger hielt sich in Grenzen. Seine Mutter war fertig vom Pressen, der Arzt war noch außer Puste vom Ziehen, nur die Hebamme hatte Zeit, sich erfreut um ihn zu kümmern. Er dankte es ihr damit, dass er sie eine Ewigkeit grundlos anschrie. Auch diese Eigenschaft blieb ihm sein Leben lang erhalten.

Nachdem er endlich gewaschen, geputzt und in trockene Tücher gewickelt war, wurde er in die Hände seiner Mutter gelegt, wo er endlich die Wärme erhielt, die er brauchte.

Mit einem blauen Gesicht das ja alle Neugeborenen hatten, und einer ziemlich verwüsteten Frisur durch die Zangengeburt schlief er friedlich ein und übersah dabei, dass er in einen Zwinger mit vielen anderen Schreihälsen gebracht wurde. Es war ein heller Raum mit einer großen Scheibe wo viele Daddys standen und verbissen versuchten, eine Ähnlichkeit mit einem der Schreihälse zu entdecken. Auch Opis Erzeuger stand inmitten der anderen Väter und als sein Sprössling von der Hebamme zur genaueren Ansicht an die Scheibe gebracht wurde, gab's von ihm einen Gesichtsausdruck, als hätte Rapid gegen Simmering haushoch verloren.

„Na Super, jetzt auch noch ein Balg!", murmelte er.

Günni fühlte, welche Gefühle ihm sein Vater entgegenbrachte, und war natürlich traurig darüber.

Er konnte ja nix dafür, dass er nicht so ein Traumkind wie die Tussi neben ihm war. Traumfigur 30/20/30, kaum 2,20 Kilo, eine blonde Mähne, ein Engelsgesicht und einen Erzeuger, der Tränen voller Stolz in seinen Augen hatte. Aber egal, es ist wie es ist, machen wir das Beste draus.

Die Lage der Nation

Der erste Schreck legte sich langsam und Günni konnte nach ein paar Tagen mit seinen Eltern das neue Heim besichtigen.

Nun ja, dachte er, ein Schloss ist es nicht, aber für den Übergang ist es ausreichend, denn sobald ich gehen kann, werde ich mir ohnehin eine eigene Bude suchen.

Die ersten paar Monate lag er nur in der Gegend rum, erstens war's gemütlich, zweitens cool, denn wenn er mal geschrien hatte, wurde er sofort auf den Arm genommen, rumgetragen und gestreichelt. Junge, was willst du mehr?, dachte er.

Doch auch die schönsten Dinge des Lebens werden mal echt fade, wenn man es immer macht.

Also musste ein neuer Plan her! Was kann er anders machen?, grübelte er. Günni versuchte alles, was in seiner Macht stand, aber er musste sich eingestehen, dass man im Alter von ein paar Monaten sehr früh an seine Grenzen stößt. Kopf heben, kein Thema, zur Seite rollen, dito, aber eines schaffte er auf Anhieb: ein Stinker zu sein und andere Menschen die es gut mit ihm meinten, zu bescheißen, zumindest wenn die Windel noch nicht montiert war. Aber egal, was ging oder noch nicht ging, er musste es so hinnehmen, wie's war. Es war frustrierend!

Eines Tages, Mutter kochte und er lag in der Küche am Boden, natürlich auf dem Rücken, war ja nix anderes möglich. Günni döste so dahin und begann seine gescheiterten Versuche, sich selbstständig fortzubewegen, aufzuarbeiten.

Plötzlich läutete es an der Tür! Günni erschrak so sehr, dass es ihn zur Seite rollte und er aus Reflex den Kopf anhob. Doch Fehlalarm, es war nix Wichtiges, nur der Postbote. Doch was für eine Ironie, unbewusst schaffte er etwas, das bewusst noch nie funktioniert hatte. Wie war das denn geschehen? Was hatte er gemacht? Er hatte keine Erklärung für das Erreichte. Er probierte eine Idee nach der anderen und siehe da, plötzlich schaffte er das schier Unmögliche, er drehte sich auf Raten zur Seite und landete endlich auf dem Bauch.

Ein Wunder!, schoss es ihm durch den Kopf, dicht Gefolgt von einem schmerzerfüllten Schrei. Sein zartes Antlitz knallt bei der Drehung auf den Boden, dass die noch nicht vorhandenen Zähne im Kiefer schepperten. Nach Minuten der Schmerzen und dem Verlust vieler Tränen überwog dann doch die Euphorie des Erfolges. Von nun an trainierte er täglich, bis das neu erreichte verinnerlicht war.

Von Hündchen, Elefanten und Falschgeleiteten

Ja, ist das Leben nicht schön? Endlich hat man den Dreh raus und die Welt sieht ganz anders aus. Drehung links, Bauchlage, Kopf hoch, Drehung rechts, Rückenlage, entspannen und das ganze zur anderen Seite. Cool, er konnte alles, was das Leben lebenswert macht. Juhuuuuu!!! Denkste!!!

Mama bewegt sich doch total anders als ich!, dachte er.

Also musste neuer Plan her! Mal spannen, wie die Erwachsenen es so tun. Aber wie wir schon wissen: mit kleinen Schritten beginnen, denn große Schritte treffen dich immer in die Fresse, wie wir schon schmerzlich feststellen mussten. Also: Daddy beginnt immer mit sitzen oder wie das heißt. Also: Windel richten und … Test. Bauchlage und nur Windel nach rechts und mit den Händen hochdrücken. Na, das ging ja einfach! Und jetzt zum nächsten Schritt für‘s Leben! Drehung rechts mit dem Oberkörper, Hintern hoch und Hände auf den Boden. Na Bravo, komm jetzt nicht hoch, super, seh aus wie ein Hündchen. Auf allen Vieren stehend ist ja cool. Aber wie jetzt weiter? Er versuchte, sich vorwärts zu bewegen, aber es funktionierte nicht, er wippte mit dem Kopf und sonst ging nix! Wie ein Elefant, der am Wasserloch seinen Rüssel schaukelt. Da ja unser Held ein schlaues Kleinstkind war, versuchte er weiter sein Bestes und kam nach Minuten des Testens endlich in Bewegung. Hurra, es funktioniert!!!, dachte er. Doch etwas an seinem Plan war falsch. Je mehr er Richtung seines Lieblingsteddys krabbelte, umso weiter, entfernte er sich davon. Das ist ja ein Ding?!

Er machte ja alles so, wie er es gesehen hatte, und trotzdem ging es in die falsche Richtung. Er zermarterte sich sein Gehirn, er dachte und dachte und plötzlich kam die Erkenntnis: Ich brauche Hilfe, denn er hatte sich daran erinnert, als er eines Nachts im Schlafzimmer seiner Eltern in seinem Gitterbett erwachte, da sah er wie sein Daddy seiner Mami half. Sie wollte auch immer nach hinten krabbeln, doch Daddy zeigte ihr, wie sie vorwärts kam ...

Ab nun schreibt Günni selber, weil er ja ein schlaues Bübchen ist …

Ein kleiner Schritt für mich ...

Nun ja, ich war zwar ein schlaues Bübchen, aber immer etwas faul und spätberufen ohnehin.

Eines Tages lief im Fernsehen gerade die erste Mondlandung der Amis. Ich hörte Neil Armstrongs legendären Spruch: „Das ist ein kleiner Schritt für einen Menschen, ein riesiger Sprung für die Menschheit.“ Also dachte ich kleiner Racker, dass es endlich Zeit wäre, auch mal den ersten Schritt zu machen. Das Krabbeln wurde von mir ja schon perfektioniert und sah auch schon verführerisch aus. In der Nachbarschaft pfiffen mir auch schon alle Mädels nach, weil ich mich so graziös bewegte.

Nun war ich bereit für meine ersten Schritte. Ich setzte alles auf eine Karte, mit meiner Reife von zwei Jahren kämpfte ich mich hoch am Sofa, wuchtete meinen Astralkörper in ungewohnte Höhen und … ich stand. Ein neues Zeitalter schien anzubrechen, endlich konnte ich auf meine Teddys hinunterblicken und ich spürte, wie mir meine Untergebenen ehrfürchtig hochstarrten. Sie applaudierten, denn ich war einer von ihnen und ich war derjenige, der den Teddys wegen seiner neu erlernten Fähigkeit nun überlegen war. Aber ich wäre nicht ich, wenn ich nicht gleich wieder übertreiben würde. Insgeheim träumte ich davon, elfenhaft durchs Haus zu gleiten. Zeitgleich ließ ich das sichere Sofa los, setzte einen Schritt nach dem anderen und nach drei Schritten voller Enthusiasmus stolperte ich und knallte mit voller Wucht „Kopf an Couchtisch“. Geheule und Geschrei folgten dem neuerlichen Fehlschlag eines neuen Vorhabens. Das Schlimmste daran: Die nächsten Schritte wurden länger nicht gemacht und ich versank in Selbstmitleid.

Oma ist die Beste

Man kann ja sagen, was man will, aber eines ist für Kinder klar: Oma ist die Beste. Auch für mich galt dasselbe.

Als ich endlich Herrscher über meinen Körper wurde, gehen, stehen und laufen konnte und vor allem ein Leben ohne Windeln kennenlernte, lernte ich auch den Umgang mit Erwachsenen, denn nun konnte ich auch schon sprechen.

Seit ich denken konnte, kam regelmäßig eine etwas ältere Dame vorbei. Sie war lieb, nett, hatte eine freundliche Stimme, passte oft auf mich auf, wenn Mami nicht da war. Das Beste war aber, es gab bei jedem Besuch etwas Süßes. Ich war das glücklichste Kind auf Erden.

Doch mit der Zeit wurde ich immer mehr aufs Abstellgleis geschoben. Immer wenn ich etwas sagen oder etwas haben wollte, hieß es immer nur: nicht jetzt, gib Ruhe, halt den Mund, wenn Erwachsene reden. Ich kapierte nicht, warum ich immer hintenangestellt wurde und wenn mir dann mal der Kragen platzte, hieß es nur: ab auf die Kellertreppe, bis du weißt wie, man sich benimmt!

Ich verstand die Welt nicht mehr. Als ich auf der Treppe saß und über den Grund des Daseins nachdachte, fand ich zum ersten Mal im Leben heraus, dass das Leben gemein sein kann. Wenn ich mal erwachsen bin, werde ich alles anders machen als meine Eltern, dachte ich. Meine Oma kam mit der Zeit nur mehr selten, weil sich irgendwann mal Mami mit ihrer Schwiegermutter nicht mehr so richtig verstand. Schade drum um die vielen Süßigkeiten. Aber Schwamm drüber, gibt bestimmt wichtigeres.

Hurra, endlich Schule

Im Gegensatz zu heute gab's Anfang der Siebziger nur ganz selten einen Kindergarten am Land. Natürlich freut man sich dafür noch sehr auf die Schule, weil man ja noch nicht wusste, was einen da erwartet.

Auch ich trat endlich voller Stolz in die erste Klasse der Studierenden ein. Ich merkte gleich, hier gehör ich hin, das ist genau meins. Viele Kinder, die ich noch nicht kannte, und natürlich auch die alten Gesichter der Nachbarkinder waren hier. Ich bekam auch einige Bücher, verstand aber nicht, warum. Als ich dann erfuhr, dass hier gelernt wurde und ich dabei auch ruhig sitzen sollte, hegte ich schon den Gedanken die Schule nach dem zweiten Tag abzubrechen.

Doch nach einigen Tagen bemerkte ich, dass es nicht schlecht ist, wenn man rechnen, lesen und schreiben kann. Zum Beispiel: Wenn man nach Mallorca reisen will, wann der nächste Autobus geht und wie viel Geld noch dafür fehlt.

Alles in allem war die Schulzeit zwar etwas nervig, aber ich hatte auch Spaß. Schlimm wurde es nur beim Sport. Ich war so vom Ehrgeiz zerfressen, dass ich einfach nie verlieren konnte. Kann natürlich auch dran liegen, dass ich ein Einzelkind war.

In der Grundschule legte ich schon den Grundstein zu einem durchschnittlichen Leben. Machte nur das nötigste und schwamm praktisch mit der Menge mit. Langsam entwickelte ich mich aber auch zu einer echten Führungsperson.

Egal, ob meine Klassenkameraden oder auch Nachbarskinder, war ja fast das gleiche bei zwölf Kindern in der

Klasse, sie folgten mir wie ein paar Jahre zuvor die Jünger Jesus. Es entstand so etwas wie ein Clan in Sizilien nur ohne Morden und Schutzgelderpressungen. Es wurde viel Blödsinn gemacht, aber auch viel Schönes, das in einer heutigen Kindheit total unmöglich wäre. Heute würden Eltern ausrasten bei so manchen Dingen. Im Bach Staudämme bauen, die höchsten Bäume erklimmen, Baumhäuser bauen, und dass ohne Aufsicht. Heute darf man ja ohne Aufsicht nicht mal in die Badewanne oder zumindest auf den Küchentisch klettern.

Ja, früher war es echt noch schön. Ich kam nach manchen Clangefechten mit einem blauen Auge nach Hause oder war von oben bis unten mit Schlamm eingesaut. Mal davon abgesehen, dass Schlammbäder gesund waren, hatte natürlich auch Mama ihre Freude damit die Kleidung ihres Sprösslings wieder zu reinigen. Es war wirklich eine wunderbare Kindheit.

Die erste Freundin

Ich denke, es war so ab der dritten Klasse der Grundschule, die ersten Rauchversuche mit angesteckten Lianen waren schon abgehakt und die nächste Steigerung, rauchen echter Zigaretten, entwendet von meinem Onkel, war bereits in vollem Gange. In der Nähe meines Ortes war ein kleines Bächlein, darüber gab es eine Brücke für Traktoren, die auf die Felder des Nachbarn führte. Hier war natürlich der Platz der Sünde, hier hin kamen keine Erwachsenen und hier konnte man als Neunjähriger genüsslich eine Afterschooltschick zur Entspannung rauchen. Es war zwar damals noch kein Stress wie heute, aber es war cool zu paffen, bis die Gesichtsfarbe käseweiß war und das Mittagessen zur Negativaufnahme wurde.

Weil ich ja jetzt zu den coolen Kids gehörte, musste natürlich auch was her, dass für alle etwas Neues war und sich auch keiner so wirklich traute zu haben, eine Freundin. Der coole Aufreißer hatte natürlich schon längst ein Opfer auserkoren. Helga, eine hübsche blonde Schulkollegin. Ich redete mit ihr, was in diesem Alter eher nicht normal war, begleitete sie nach der Schule nach Hause, trug dabei ganz Gentlemanlike ihre Schultasche, umgarnte sie am Heimweg und war danach wieder genervt, weil ich den weiten Weg wieder zurückgehen musste.

Es war eine echt schöne Zeit für mich, denn ich war der erste und einzige meiner Klasse der eine echte Freundin hatte. Alle beneideten mich, denn ich hatte eben die Geschichte mit Mädls drauf.

Die Beziehung zwischen Helga und mir lief eine lange Zeit, bis zum Ende der Grundschule. Dann trennten sich unsere Wege, sie ging, weil sie schlau war, ins Gymnasium in eine andere Stadt. Ich, der eher ein fauler Hund war, ging weiter in die Hauptschule im Nachbardorf. Das war das Ende meiner ersten Beziehung. Das Ganze hatte nur einen Haken. Helga war die Einzige, die von dieser langen Beziehung nichts wusste.

Das Heranwachsen einer Legende

Als ich nun mit meinen vier noch verbliebenen Kollegen, der Rest mussten in andere Schulen, in die Hauptschule kam, brach für mich eine Welt zusammen.

Viele neue Gesichter, alle cooler als ich und ein eigener hochnäsiger Clan. Ich und meine Clique wurden zu Anfang immer als Bauerntölpel beschimpft und eigentlich kaum wahrgenommen, weil wir aus der tiefsten Pampa kamen und die hiesigen Platzhirsche doch fast alle in diesem Kleinstädtchen lebten.

Es war die Hölle für mich, denn immer, wenn ich etwas machte, das den Eingeborenen missfiel, hauptsächlich den Oberstufen, gab's für mich eine Schelle und ich wurde herumgeschubst. Das nagte sehr an meinem Ego. Erstens war ich in meinem Dorf zuvor ein Star, jetzt nicht mehr, und zweitens wurde ich immer in Gegenwart der besten Hasen der Schule geschellt, weil meine Peiniger ausgerechnet diesen Hasen imponieren wollten.

Dies ging fast bis zur dritten Klasse so. Doch in meiner Klasse konnte ich mir durch meine große Klappe und den ewigen Disputen mit den Oberstufen bald mal einen Namen machen und begann in den erlauchten Kreis der Klassenführer aufzusteigen. Ein Grund dafür dürfte auch sein, dass ich ein halbwegs guter Fußballer war und bald mal in der Schulauswahl spielte. Ich trainierte wie wild, war ehrgeizig und wurde in der Schülerliga, der Vereinsliga und in meinem Heimatort als Spieler der Wirtshausmannschaft angeheuert. Sogar bei der katholischen Jugendmannschaft kickte ich. Es gab nur mehr viermal pro Woche Training und zu Hause spielte ich auch Fußball. Es war eben meine Leidenschaft.

Der einzige Wermutstropfen war, dass meine schulischen Leistungen schwer abfielen, war ja keine Zeit mehr dafür. Zu Haus gab's nur mehr Ärger, keine Hausübungen mehr, kein Lernen und natürlich ein bescheidenes Zeugnis. Elternsprechtag war immer der Tag des Schmerzes. Mutter kam vom Lehrer nach Hause und nach viel Geschrei und Gezeter gab's noch eine Schelle und es wurden wie immer alle Begünstigungen gestrichen. Nach dem heimatlichen Bürgerkrieg und den Verweis in mein Zimmer war ich empört, warum Mutter so streng und immer so gemein zu mir war, nur weil meine Leistungen in der Schule scheiße waren. Ich schummelte mich ja ohnehin von einem zum anderen Jahr durch. Devise war ja immer, in die nächste Klasse aufsteigen, und das wurde ja geschafft.

So vergingen die schulischen Jahre und es wurde nichts anders. Nur Mutters Standardsatz kam hinzu: „Wenn du so weiter machst, bekommst du keinen Job und landest in der Gosse. Du wirst dann immer das letzte der Gesellschaft sein!"

Ok, sie hatte vielleicht recht, doch im schlimmsten Falle konnte ich ja Profifußballer werden, das würde immer gehen.

Als ich dann schon in der achten Klasse war, zählte ich schon zu denen, die Macht über die meisten Schüler der Hauptschule hatten. Niemand wollte etwas Schlechtes über mich sagen, viele vergötterten mich und die meisten wollten meine Freunde sein. Ich fühlte mich wohl in meiner

Rolle und alles war toll, wäre da nicht die Gilde der Lehrkörper gewesen.

Egal, wie gut ich Fußball spielte, je mehr ich Erfolge für die Schule brachte, umso näher kam der Moment, wo mein Klassenvorstand der Meinung war, dass Fußball nicht die Lösung für die schlechte Schulleistung sei und ich ein Fußballverbot bekam, bis ich wieder bessere Noten vorweisen konnte. Ja, das zeigte Wirkung. Es wurden zwar meine Noten nicht besser, aber ich wurde immer aufmüpfiger in der Schule und kannte kaum mehr das Klassenzimmer von innen, weil ich immer vor die Tür geschickt wurde. Außerdem machte ich wöchentlich fast mehr Anwesenheitsstunden in der Schule als mancher Lehrer.

Ja, nachsitzen hat schon seinen Reiz, besonders dann, wenn ich in den Klassen der besten Hasen war. Das Ärgste war am Nachsitzen, das ich immer so lange nachsitzen durfte, bis der letzte Bus abfuhr und ich zu Fuß nach Hause gehen musste.

Ich fand das gemein, einen Superstar der Schule so zu peinigen.

Lehrjahre sind keine Herrenjahre

Endlich kam die Zeit, wo das Ende der Schulzeit näherkam. Ich hatte es unverständlicherweise geschafft, die Schule bis zum Schluss durchzuziehen, ohne Amok zu laufen, da ich ja in fast der gesamten Schulzeit entweder von älteren Mitschülern oder später von meinen Lehrern gemobbt wurde.

Als ich nun von der Schule abging, dachte ich, dass nun alles besser werden würde. Etwas arbeiten, schwer Kohle verdienen und die meiste Zeit mit Fußball zu verbringen. Gleich nach der Schulzeit konnte ich meinem Traumberuf als Tischler nachgehen. Eine Arbeitszeit von sieben bis fünf und danach zum Training, ich würde die Zeit genießen.

Komischerweise kommt immer alles etwas anders, als man denkt. Ich musste Handlangerdienste leisten, fegte täglich die Werkstatt aus und fast genauso oft wurde ich von meinem Lehrherrn oder den älteren Gesellen zusammengeschissen.

Das Größte dabei war, die ganze Schmach und die ganze scheiß Arbeit für 680 Schillinge (rund 50 Euro heute) im Monat. Müde und verspannt vom Job ging‘s dann mit dem Fahrrad und meinen Fußballsachen zum Fußballtraining und das Ganze viermal pro Woche. Also, sportlich war ich damals, denn die täglichen Stationen musste ich immer mit dem Rad abfahren, das waren immerhin zweiundzwanzig Kilometer am Tag Extra-Sport. Am Wochenende ging‘s dann noch zwei- bis dreimal zu Meisterschaftsspielen.

Ich war also körperlich ein Tier. Und war mal kein Spiel am Wochenende, ging‘s zum Tennis. Nervig war natürlich für mich die tägliche eintönige Arbeit in der Firma, es machte sich riesiger Frust breit. Aber auch mein Lehrherr war durch meine Art schon etwas verstimmt, darum hatte er auch gleich im zweiten Lehrjahr eine andere Aufgabe für mich. Ich durfte eine ganze Woche nach Wien auf Montage, da war wenigstens im Betrieb Ruhe. Endlich mal Abwechslung, dachte ich und freute mich schon auf Wien. Ein bisschen arbeiten und dann ab auf Stadterkundung, wird sicher toll, dachte ich.

Und wieder eine Enttäuschung! Montagmorgen war um halb fünf Abfahrt von der Firma, direkt nach Wien auf die Baustelle. Da wurde dann meist zwischen sechs Uhr morgens bis elf Uhr abends gearbeitet und danach direkt in die Firmenwohnung. Ich wollte und konnte vor Müdigkeit kaum die Stadt erkunden. Arbeiten, schlafen, arbeiten, genau so lief fast jede Woche ab und das über einen Zeitraum von einem halben Jahr. Es waren Monate dabei, wo zu den hundertsechzig Normalstunden noch hundertachtzig Überstunden dazukamen.

„Na wenigstens gibt's fette Kohle", dachte ich. Wieder ein Irrtum! Es waren so 280 Euro nach heutiger Währung. Ich war schwer enttäuscht.

Doch es war bald Schluss mit der Traurigkeit, denn ein Kollege hatte eine Eintrittskarte für das Fußball-Länderspiel Österreich gegen Deutschland. Dieser fragte mich, ob ich mir das Spiel gerne ansehen würde, weil er selbst etwas Wichtigeres zu tun hätte. Meine Augen funkelten vor Begeisterung doch schon bald wich die Begeisterung wieder Ratlosigkeit. Durch das viele und lange Arbeiten kam ich ja nicht dazu, Wien zu erkunden.

„Wie soll ich denn ins Praterstadion kommen?"

Mit einem Grinsen im Gesicht erklärte mir mein Kollege den Weg und mit welcher Straßenbahn ich wohin musste. Ich passte genau auf und als es dann so weit war, machte ich mich auf den Weg in den Prater. Ja, es klappte, wie mein Kollege erklärte und im Nu war ich vor dem Stadion.

Es war für mich überwältigend, denn ich hatte noch nie zuvor so viele Menschen gesehen wie hier. Im Stadion war eine Stimmung, so was kannte ich von meinen Heimspielen nicht. Das Spiel wurde von Österreich gewonnen. Total geflasht ging's dann für mich wieder nach Hause in die Firmenwohnung. Zumindest hatte ich das vor. Die Menschenmenge stürmte aus dem Stadion und mittendrin ich. Vor mir waren einige Straßenbahnen, die schon auf die Menschenmeute warteten, um sie abzutransportieren.

Na super, dachte ich mir, die fahren ja alle in meine Richtung!

Ich stürmte in die nächstbeste Bim hinein und schon ging's los. Ich war glücklich, dass es so einfach wieder nach Hause ging.

Die Freude währte aber nur kurz. Als die Straßenbahn den Praterstern passierte, merkte ich, dass die Bim falsch abbog. Kurzfristig war ich gestresst, denn wer wusste, wo ich da nun hinkommen würde? Ich kannte mich ja nicht aus in der großen Stadt. Aber ich hatte einen Plan. Wenn ich bei der nächsten Station aussteigen würde und bis zum Praterstern zurücklaufe, danach in die richtige Bahn einsteigen würde, dann käme ich sicher wieder dorthin, wo ich hinwollte. Guter Plan, aber die Bim fuhr und fuhr und blieb erst weit weg vom Praterstern das erste Mal stehen. Ich sprang aus der Garnitur und ging schnellen Schrittes wieder den Weg, aus der die Straßenbahn gekommen war, zurück. Ich beeilte mich, weil es schon ziemlich spät war und ich ja morgen wieder früh auf die Baustelle musste. Nach gefühlten fünf Stunden kam ich endlich nicht auf den Praterstern, sondern auf einen Flecken Wien, der mir irgendwie bekannt vorkam. Ich ging nun eine Straße die ich zu kennen glaubte, entlang, die Stunden vergingen und langsam tat mir als Hochleistungswanderer alles weh, außer vielleicht ein paar Haarwurzeln, die, die im Wind wehende Mähne festhielten. Als ich schon mehr in Trance dahinschwebte, verlor ich schon fast den Glauben daran, meine Wohnung wiederzufinden. Ich ging an Müllmännern, die mich komisch angrinsten, vorbei und, siehe da, direkt an einer breiten Straße lag ein Bahnhof, den ich kannte. Da kam plötzlich wieder Leben in meine Beine, denn es war der Westbahnhof. Der Bahnhof lag nur unweit von der Firmenwohnung entfernt. Schnellen Schrittes lief ich nun bei der Stadthalle vorbei, durch den Märzpark in die Straße, wo meine seit Stunden sehnlichst herbeigewünschte Firmenwohnung lag. Ich rannte das Stiegenhaus hoch in den zweiten Stock, sperrte so leise wie möglich die Wohnungstür auf und fiel erschöpft in mein Bett und schloss meine Augen.

Endlich Schlaf dachte ich noch bei mir, als plötzlich … der Wecker läutete und alle sich aus ihren Betten quälten, um den gewohnten Arbeitstag wieder zu starten. „Frisch ans Werk!“, sagte mein Vorarbeiter noch und grinste mich an. „Naa Junge? War wohl ein heißes Spiel gestern? Hab dich gar nicht heimkommen gehört!“

Ich nickte vollkommen zerstört und erzählte beim Frühstück meinen Leidensweg vom Stadion bis zur Wohnung. Nachdem das allgemeine Gelächter verstummte, kam natürlich wie gewohnt noch der notwendige gute Rat: „Warum hast du kein Taxi genommen, das hätte dich bis vor die Haustür gebracht!“

Hmm, das nervte, wenn immer alle alles besser wussten. Das hätte mir ja auch einfallen können, aber, wie gesagt, das gemeine schöne Leben segnet nicht jeden mit Geistesblitzen …

Der Gürtel der Freude

Es war einmal ein ganz seltenes Ereignis und unsere Werksmannschaft machte mal früher Schluss auf der Baustelle. Ich als Neuling in der großen Stadt, der nach dem ersten Ausflug ins Fußballstadion gezeichnet war, dachte mir, dass ich diesmal die große Stadt zu Fuß erkunden sollte, mit dem Hintergedanken, es würde der Heimweg keinesfalls mehr so lang wie letztes Mal ausfallen. Zum Glück segnete Gott mich mit einem ausgezeichneten Orientierungssinn und ich schlenderte mit meinem obercoolen Landmanngang die Straße runter, vorbei am 30er-Wirt, in Richtung Würstelstand an der Kreuzung mit dem Neubaugürtel. Wie wir am Land ja schon in die Wiege gelegt bekommen, sollte man sich ja am Beginn einer harten Wanderung mal stärken.

Gedacht, getan, bog ich schon beim „Würstlmann“ ein und bestellte „a Eitrige mit an G’schissenen, an Buggl, an Krokodü und an 16er-Blech“, eigentlich eine Käsekrainer mit süßem Senf, dem Endstück eines Brotes, einer Essiggurke und einem Ottakringer Dosenbier. Wenn ich mich schon nirgends auskannte, war ich wenigstens der Sprache der Eingeborenen mächtig, zumindest bei den wichtigsten Dingen des Lebens. Mit Genuss verschlang ich mein Einsermenü und nach kurzem Smalltalk mit dem Würstlmann machte ich Landsuperstar, mich auf den Weg zu meinem Großstadtabenteuer.

Als ich am inneren Gürtel so dahinschlenderte und mal Auslagen bestaunte, die alten Gebäude bewunderte und manchmal auch meine Verwunderung über den massigen Abendverkehr zum Ausdruck brachte, sah ich schon von weitem eine etwas schief stehende Straßenlaterne. Als ich näherkam, sah ich den Grund für den Schiefstand. Eine etwas zierliche Zwei–Zentner-Lady lehnte an der Laterne und bewegte verspielt ihr ebenso zierliches Handtäschchen im Kreise. Als ich als Landjunge näherkam, nahm mich die hübsche verruchte Maid schon ins Visier. „Hey, mein Süßer, wohin es Weges?“, hauchte sie kaum hörbar bei dem Verkehr.

„Jo, servus, gnäh Frau“, erwiderte ich.

Sie meinte: „Di hab ich aber auch noch nie gsehn da!“

„Klar“, sagte ich. „I bin jo a nu ned lang da in da Stadt, bin da auf Montage!“

„AAAAHHH“, hauchte die holde Maid, „wennst mit mir mitkommst zeig i da eine unserer Sehenswürdigkeiten!“

Ich überlegte mal kurz. Meine Mutter hatte mir schon als kleiner Landkretzn beigebracht, dass ich nicht mit Fremden mitgehen sollte, auch wenn‘s noch so Zucker tun. Mit einem freundlichen Lächeln winkte ich ab. „I machs mal allein die Sehenswürdigkeiten, wenn i Hilfe brauch, komm i gern auf Sie zurück“, verabschiedete mich noch ganz förmlich und ging weiter den Gürtel hinunter. Als ich mich nochmals kurz umdrehte, sah ich die nette füllige Dame, wie sie auf einmal schon wieder einen Mann anmachte, um ihm die Sehenswürdigkeiten der Stadt zu zeigen.

Was für eine geschäftstüchtige Frau!, dachte ich mir. Mit ihr werden die Stadtväter viel Freude haben!

Komischerweise waren auf meinem Weg noch einige Damen der Stadtverwaltung anzutreffen.

Was für eine nette zuvorkommende Stadt!

Als ich dann auf dem äußeren Gürtel zurückging, quälte mich plötzlich auch schon mal der Durst. Also stürmte ich gleich das nächstbeste Beisl (Eterplisment). Ohne zu wissen, wo ich mich befand, bestellte ich mal ein Bierchen an der Bar. Auch hier waren alle sehr freundlich. Sogar der Eigentümer persönlich setzte sich zu mir, einem Landei, auf ein Schwätzchen. Als er aber hinter die Bar musste, bemühte er sich sogar um eine Gesprächspartnerin für mich, damit mir nicht langweilig würde. Eine langbeinige dunkle Schönheit mit ordentlich Holz vor der Hütte leistete mir Gesellschaft und lud sich selbst auf meine Kosten auf ein komisches Getränk namens „Piccolo“ ein. Mir als Landmann war‘s egal, ich unterhielt mich gut mit der Dame und wie‘s der Teufel haben will, kam sie mir auch gleich etwas näher, da erschrak ich etwas und es wurde mir alles etwas zu heiß, besonders als sie mich bat, mit auf ihr Zimmer zu kommen.

Wahnsinn, dachte ich, die wohnt sogar hier.

Aber ich als anständiger Landsknecht wollte nicht schon beim ersten Date mit ihr in die Kiste, das tut man ja nicht!

Ich wollte schon mein Getränk bezahlen und mich verabschieden, als ich die Rechnung meines Bieres und des Piccolo meiner Tischdame bekam. „Hundertzwanzig Schilling bitte!“, sagte der Herr hinter dem Tresen bestimmend.

Etwas entgeistert blickte ich den Barmann an, grinste und entgegnete mit den Worten: „Eigentlich wollte ich dieses Lokal nicht mitkaufen!“

Doch als der Blick des Barkeepers etwas böser und seine Stimme etwas eindringlicher wurde, bezahlte ich meine Zeche und machte mich schnell aus dem Staub.

Als ich wieder auf der Straße war, kam mir erst der Gedanke, dass dies vielleicht eine, ich sag mal, etwas andere Gaststätte war. Im Nachhinein war ich ja auch verwundert warum im Inneren rotes Licht brannte und so viel Plüsch und Teppiche herumlagen.

Ups, das war wohl ein Freudentempel!

Davon hatte ich schon mal gehört, aber dass ich jemals so ein Lokal betreten würde, dachte ich bis dahin nicht. Etwas ängstlich und schreckhaft vor den Damen der Straße machte ich mich auf direkten Weg nach Hause.

Für's erste reichte meine Erkundungsreise. Endlich in der Wohnung angekommen, schmiss ich mich ins Bett und konnte wegen des Erlebten kaum einschlafen. Ja, es war ein harter Schlaf.

30er-Wirt

Eines Tages, ich saß noch in Wien fest und werkelte mich zu Tode, waren wir in Verzug mit unserer Baustelle. 18- bis 20-Stunden-Tage waren schon fast an der Tagesordnung. Manchmal war aber auch ein Tag dabei, wo früher Schluss war. Es war auch an diesem Tag so. Wir waren schon gegen 20 Uhr fertig, aber was tun mit dem restlichen Tag, es waren ja noch acht Stunden bis zum Aufwachen. Also ging ich an diesem Tag nur bis zum 30er-Wirt, der war nur ums Eck, um mal kurz ein paar Drinks zu nehmen, das ging schon. Außerdem war ich bei dem auch noch nie gewesen. Also trat ich dort durch einen kleinen Vorraum ein, musste durch einen Vorhang und kam direttissimo in die verrauchte Gaststube. An der einen Seite befand sich ein längerer Tresen, dahinter der Wirt, ein korpulentes typisches Wiener Beislunikat, ein Schrank von einem Mann.

An der anderen Seite, gleich nach dem Eingang, saß eine etwas betagte Dame, dem Aussehen nach etwa hundertvierzig Jahre. Ihr Gesicht war zerfurcht und grau. Ich dachte da an eine Trümmerfrau aus dem Weltkrieg eins und zwei oder einfach nur von Alkohol und Tabak gezeichnete Tschecherantin. Neben ihr ein Gehstock, vor ihr auf dem Tisch ein Vierterl Weißer und im Gsicht eine Smart Export, wo die Asche schon zur Hälfte ins Vierterl gefallen war. Ich denke, das gab dem Wein noch eine gewisse Würze, die den Kopfschmerz möglicherweise lindert (unbestätigt). Sie und ein weiteres Wiener Urgestein befetzten sich gegenseitig mit Nettigkeiten, wo keiner der beiden wahrscheinlich wusste, worum es genau ging.

Ich setzte mich an den Tresen, bestellte mal ein gemütliches Feierabendkrügerl und genoss meinen ersten Schluck. Während ich amüsiert dem Geschrei der beiden hinter mir folgte, setzte sich ein weiterer Gast, der zuvor allein an einem anderen Tisch gesessen hatte, zu mir und lächelt mir zu. „Die beiden zerfleischen sich so ziemlich jeden Tag hier!"

„Es sind die Mutter und ihr eigener Sohn", fügt der Wirt noch hinzu. „Sie kommen täglich zusammen hier hin, weil die Mutter alleine kaum gehen kann und ihr Sohn sie stützt bis an ihren Stammtisch."

Wir drei kamen so langsam in ein längeres Gespräch, endlich ein Schuppen, wo man sich wohlfühlen kann, dachte ich. Nach einigen Bierchen erzählte Joe, der Mann neben mir, einige Geschichten aus seinem Bikerleben, dass er schon einige Male dem Teufel von der Schippe sprang und von den bissigen Bimschienen der Stadt, die ihn schon manches mal zu Fall gebracht hatten.

Sein Heiligtum war der Motorradclub, der sein Clubhaus genau in unserer Straße hatte, fast Tür an Tür mit unserer Firmenwohnung. „Einige Mitglieder des Clubs waren auch öfter hier", warf der Wirt ein und zeigte an ein Loch am Tresen. „Es gab manchmal Messerstechereien und dieses Loch hier stammte aus einer 45er!" Der Wirt erzählte das so, als ob es das normalste der Welt sein würde. „Es sind ja ganz nette Jungs, aber so manche eingesessene Nachbarn sind halt nicht so umgänglich wie sie und dann kommt's eben manchmal zu Auseinandersetzungen."

Gott sei Dank ist es heute ruhig, muss ja am Morgen arbeiten und hab keine Zeit für einen Krankenstand, dachte ich. Als ich dann auch noch von meinem Bikerclub erzählte, wurde ich von Joe eingeladen, mal in ihr Clubhaus zu kommen, um seine Jungs kennenzulernen. Ich nahm natürlich an, obwohl ich nicht wusste, wie seine Jungs auf mich reagieren würden, denn böse Zungen behaupteten, dass fremde Biker nicht wirklich herzlich empfangen werden würden. Dies ist aber eine andere Geschichte.

Mein Moped und ich

Juchhu, Fahrrad ade, es lebe das Moped. Endlich kam die Zeit, wo ich froh war, dass ich endlich mobiler wurde. Fahr mal mit dem Fahrrad in die Disco oder reiß mal einen Hasen auf und nimm ihn am Gepäckträger mit nach Haus. Macht ja ein gutes Bild, wenn dein Date Striemen am Arsch hat und du vom Pedaletreten keine Puste mehr hast für einen anständigen Zungentango.

Aus, endlich bin ich der coole Hund mit seiner neuen *Silverspeed*. 2,8 Ps, heiße 60 km/h schnell, Zweisitzer, ein richtiger Bräutemagnet. Nur das Leben hatte anderes für mich bestimmt. Wie gesagt, es ist gemein! Zum Ersten wurde ich mit jeder Menge Schüchternheit ausgestattet, kommt richtig gut im Anbahnen von Dates. Wie sollte eine Tussi wissen, dass ich „der Womanizer" des Landes war, wenn sie es von mir nie erfahren würde? Zum Zweiten hatte ich zu Beginn meiner Mopedkarriere keinen einzigen Freund an meiner Seite, mit dem ich durch die Lande ziehen konnte. Drittens hatte ich keine Ahnung, wo sich die angesagte Jugend umtrieb. Also kam es, dass mein Moped und ich alleine gemeinsam auf Erkundungstrip aufbrachen. Freitag für Freitag und Samstag für Samstag. Es war scheiße! Ich fand zwar die Jugend-Hotspots doch was bringt's, wenn man da ist und das Gesicht für Worte nicht aufbringt? Und red mal mit deinem mitgebrachten imaginären Freund? Kam in der Schule schon schlecht mit seinem Liebling, dem imaginären Freund zu fachsimpeln.

Also kam es, wie es kommen musste, ich fuhr meist schon wieder nach Hause, bevor die große Sause begann. Ich sah für mich keine Zukunft in der Discoszene. War das,

das Ende einer noch am Anfang stehenden Macho- und Aufreißerkarriere? Ja, das Leben ist gemein!

Pumpen, schwitzen, Teenpower

Langsam sah ich, dass für mich die Szene kein nahrhafter Boden war. Meine Berufung war wohl Einzelgänger, Einsiedler und stummer Fisch. Wegen meiner Schüchternheit genervt, hatte ich mir vorgenommen, nur mehr Moped zu fahren. Es war geil, wenn die Haare im Wind wehten, der Kopf frei von Blödheiten wurde und das Beste … ich musste mit niemandem reden.

Als ich eines Tages mal wieder meine Runden cruiste, sah ich im Nachbardorf einen Kumpel aus meiner Gegend. Ich bremste mein stolzes Ross ein und fragte ihn, was er denn hier machen würde. Fuzzi war sein Name, er war um einiges älter als ich und immer ein wilder Hund, Draufgänger und Weiberheld. Also ein Mensch, den man sich zum Vorbild nehmen konnte.

„Meine Oma ist verstorben und ich hab dieses Haus geerbt. Ich wollte es mir mal genauer ansehen, weil ich es gerne umbauen möchte."

Ich fragte ihn: „Wann willst loslegen? Ich könnte dir helfen, wenn du willst!"

Er lächelte und meinte, dass wir sofort anfangen könnten. Ich parkte meine Speedy und danach begannen wir mal einen Rundgang durchs Haus. Es war ein sehr altes Haus mit dicken Mauern aus Ziegeln und Steinen erbaut, ich denke, so um die Steinzeit herum. Im Inneren war es dunkel, weil wenige sehr kleine Fenster vorhanden waren. Fuzzi erklärte mir, wo er was umbauen, abreißen oder einrichten wollte. „Wenn du willst, können wir gemeinsam einen feinen Männerhort draus machen!"

Coole Sache, dachte ich und freute mich schon auf die Umbauarbeiten.

Schon am nächsten Tag, zeitig in der Früh, trafen wir uns und begannen uns sofort ans Werk zu machen. Wir rissen Unnötiges raus, stemmten uns durch unfassbar harte Wände, schwitzten und keuchten, bis es an der Tür klopfte. „Ach ja“, sagte Fuzzi, „wir bekommen noch Hilfe.“

Als ich die Tür öffnete, standen da zwei Jungs, die ich aus meiner Schulzeit kannte, die aber auch etwas älter waren als ich. Es waren Felix und Ernstl. Die beiden waren dicke Freunde und auch mit Fuzzi befreundet.

„Servus, Junge, wir haben schon gehört, dass du auch beim Umbau dabei bist“, sagte Ernstl grinsend.

Es wurde kurz die Lage besprochen und dann wurde auch schon wieder wild geschuftet. Als wir am Abend dann endlich unsere Waffen, Vorschlaghammer, Schaufel und Schubkarren, fallen ließen, standen wir so beisammen und besprachen unsere Leistung des Tages.

Plötzlich kam Felix eine erleuchtende Idee: „Warum machen wir da oben im ersten Stock nicht einfach eine Muckibude rein?“

Klar konnte diese Idee nur von Felix kommen, er war ein durchtrainierter sehniger Kerl, machte auf Bruce Lee und hatte schon einige Jahre Kung-Fu-Erfahrung. Alle nickten zustimmend und bei einem Bierchen wurde im dafür in Frage kommenden Raum schon geistig eingerichtet.

Gesagt, getan, schon am nächsten Morgen wurde auch dieser Raum leergeräumt, sauber ausgefegt und die ersten mitgebrachten Hanteln und andere Trainingsgegenstände aufgebaut. Natürlich wurden auch die kahlen Wände mit Postern von Bruce Lee, Arnold Schwarzenegger zur Motivation und von gut trainierten Damen zum Sabbern aufgehängt.

Paar Tage später wurde dann auch schon zum ersten Mal gemeinsam trainiert, zu Anfang mal eine Aufwärmrunde durch die Gegend gejoggt, so an die acht bis zehn Kilometer und dann ab zum Zirkeltraining. Es wurde sehr ernsthaft dreimal pro Woche trainiert und die Intensität laufend gesteigert.

Ich war so glücklich zu jener Zeit, hatte Freunde, wurde durch das viele Training selbstbewusster und bekam vermittelt, dass Schüchternheit scheiße sei und ich so nie ein Pfeiler der Menschheit werden würde. Je mehr wir trainierten umso größer wurde mein Ego und meine Selbstsicherheit. Je mehr und je größer meine Muckis wurden umso besser fühlte ich mich. Kaum mehr eine Spur von Unsicherheit, Schüchternheit und Selbstzweifel. Langsam entwickelte ich auch meinen eigenen Charakter, der von nun an eher positiv, spaßig, charmant und wortgewandt wurde. Es war mir alles scheißegal, es gab nichts, was unmöglich war, und ich genoss mein neues Leben. Ich hatte nun auch Freunde, die ich bis Dato noch nie wirklich hatte. Wir unternahmen nach unseren Trainings auch meist etwas, entweder nur kurz zum Wirt in der Nachbarschaft oder oft auch in Discos oder anderen Lokalitäten, wo ich so nebenbei auch lernte, wie man fremde Menschen anquatscht. Ach, das Leben war doch wirklich wunderbar.

Saturday Nightlife

Mann, es war ja so geil, wenn Fuzzi, Felix, Ernstl und ich Samstags nach vier Stunden harten Trainings noch auf die Piste starteten.

Eines Abends waren wir vier mal wieder unterwegs ins GIG, einer Disco mit Heurigen, wo wir öfter mal den Abend verbrachten. Fuzzi hatte sein Auto etwas entfernt am Straßenrand abgestellt, war ja früher immer viel los im Popperstadl.

Wir gingen zu Fuß im Dunkeln die Straße entlang zur Disco, als ein Golf an uns vorbeifuhr. Ein Stück vor uns bremste sich der Wagen ein, weil eine Parklücke am Straßenrand war. Das Fahrzeug parkte rückwärts ein und plötzlich rumpelte es und der Wagen stand etwas schräg neben der Straße. Es sprangen zwei Mädls völlig entsetzt aus dem Wagen und schauten mal nach, was denn da passiert war. Parallel zur Straße befand sich ein kleiner Wassergraben in dem die beiden Mädls mit beiden rechten Reifen reingerutscht waren und nicht mehr rauskamen. Völlig aufgelöst besprachen die beiden ihre hoffnungslose Lage, als wir gerade vorbeikamen. Wir baten natürlich sofort unsere Hilfe an mit den Worten: „Wir heben euer Auto aus dem Graben, dafür spendiert ihr uns einen Drink beim Heurigen!“

Wir wurden aber ausgelacht mit dem Spruch, dass hier nur die Feuerwehr mehr helfen könne. So schnell konnten sie gar nicht gucken und ohne Worte hakte sich jeder an einem Radkasten ein und gemeinsam hoben wir den Golf wieder auf die Straße. „So, und nun zum Heurigen auf unser Dankesgetränk!“, sagte Fuzzi zu den verdutzten Mädels, die ohne Worte vor uns zum Heurigen gingen.

Dort angelangt wollten die beiden sich schon in die Disco verziehen, ohne ein Dankeschön für die Hilfe von uns zu hinterlassen. Nur ein verächtlicher Blick der Prinzessinnen traf uns noch und dann waren sie entschwunden. Wir schüttelten noch den Kopf über die Undankbarkeit schöner Menschen. Wir ließen uns aber trotzdem unser Colarot schmecken.

Kurze Zeit später verließen wir den Heurigen wieder und machten uns auf den Weg in ein anderes Lokal. Als wir die Straße zu unserem Wagen so dahingingen, kamen wir blöderweise wieder am Golf der undankbaren Mädls vorbei. Wir sahen uns an und waren sofort einer Meinung: Wir hatten keinen Dank für unsere Hilfe erhalten, also stellten wir ihr Gefährt wieder so hin, wie die Mädls es eingeparkt hatten. Ich hoffe wirklich, dass die beiden noch jemanden gefunden hatten, die ihnen wieder halfen, ihr Auto auf die Straße zu bringen, ohne sich totzulachen. *grins*

Ein neuer Häuptling in der Stadt

Als wir vier uns wieder mal zum Training trafen, wies uns Fuzzi darauf hin, dass wir an diesem Tag einen neuen Mitfighter bekommen würden, der gerne mit uns mal mittrainieren wolle. Ich war schon neugierig auf den neuen, den ich zuvor noch nicht kannte. Als er endlich ankam, stellte er sich vor als Tom. Er war ganz aus der Nähe, spielte Fußball wie ziemlich jeder in unserem Land. Er war ein untersetzter Henker, etwa meine Größe und beruflich dachte ich bei ihm eher an einen Eisenbieger oder ähnlichen Mörderberuf.

„Ich bin Gärtner", sagte er lächelnd als ich ihn nach seinem Beruf fragte. Nun ja, er sah total anders aus als ein üblicher Gärtner, aber er war ein echt netter Kumpel. Es dauerte nicht sehr lange, bis er erkannte, dass wir schon etwas Trainingsvorsprung hatten, und am Ende lag er röchelnd am Boden und war begeistert. Als wir danach noch einen Abschlusssaft tranken, erzählte er, dass er Motorradfahrer sei und Mitglied in einem Club. Ich wurde hellhörig, denn Bikes, Biker und deren Clubs hatten mich schon immer fasziniert, seit ich im Fernsehen Filme davon sah.

Tom erzählte ein paar Geschichten seines Clubs, während wir austranken, und dann verließ er uns wieder.

Die nächsten Male kam Tom wieder trainieren und wurde langsam ein guter Freund. Eines Tages fragte er, ob er vielleicht noch einen Kumpel vom Club zum Training mitbringen dürfe. Nach allgemeinem OK war es dann zwei Tage später so weit.

Wir waren schon am Haustor als wir ein Knattern eines Motorrads näherkommen hörten. Der Biker parkte sich bei uns ein, genau so stellte ich mir einen richtigen Biker vor. Ein Hüne von 1,90 m, schwarzes langes Haar, schwarze Spiegelbrillen, über seiner schwarzen Lederjacke ein ärmelloses Jeansjäckchen, an den Schultern Hasenfelle. Die Jacke zierten hunderte Nieten und den Rest bedeckten Patches von befreundeten Motorradclubs. Wow, war das ein Mann. Sein Bike, eine Copper passte genau zu ihm, ein cooles geiles Teil, fast so wie meine Silverspeed.

Tom stellte ihn vor: „Das ist Schrattl, mein Häuptling." Er gab jedem die Hand zum Gruß und dabei merkte ich, dass dieser Mann Hände wie Fleischteller hatte. Arbeit war ihm anscheinend nicht fremd. Wie wir beim Trainieren sahen, hatte er auch Kraft wie ein Büffel. Woher er die hatte? Er war ein echter Landwirt und musste überall und immer fest zupacken, kein Wunder also. Es machte ihm Spaß, mit uns zu trainieren, und er kam auch beim nächsten mal wieder.

Er passte sehr gut zu unserem Haufen, weil auch er cool und lustig war, außerdem war er ein Biker.

Eines Tages fragte mich Schrattl, ob ich nicht Lust hätte, nach dem Training zu ihrem Clubabend mitzukommen, es würde mir sicher gefallen da.

„Was soll ich dort?“, erwiderte ich. „Ich kenne doch niemanden und ein Bike hab ich auch keins!“

Doch er konnte mich überreden und ich fuhr mit meiner Speedy hinter Schrattl her, in Richtung Clubwirt.

Als ich den Berg hinunterfuhr, kam ich an eine Linkskurve, wo ich ein verdächtiges rotes Licht am abschüssigen Hang an einem Baum sah. Es war ja schon dunkel darum sah ich erst spät, dass dies ein Rücklicht war. Jössas!, dachte ich bei mir, das wird doch nicht Schrattls Bike sein?

Ich stellte meine Speedy ab und rannte zu dem Licht am Baum und sah auch schon einen Schatten auf der Wiese liegen, der offenbar gerade aus der Bewusstlosigkeit erwachte. Es war wirklich Schrattl, der die Kontrolle über sein Bike verloren hatte und gegen einen Baum geknallt war. Ich half ihm hoch. Im Visier seines Helmes steckte noch ein Stück Rinde des Baumes und hatte ihn an der Schläfe verletzt. Auch sein Handgelenk schmerzte. Wie sich herausstellte, war es gebrochen. Als wir auch sein Bike begutachtet, soweit es im Dunkeln ging, und festgestellt hatten, dass da nichts mehr fahrbar war, nahm ich Schrattl auf dem Moped mit und wollte ihn nach Hause bringen. Doch als Dickschädel, wie Biker manchmal so sind, bestand er darauf, zum Clubabend gebracht zu werden. Dort angekommen stellte er mich vor und erzählte danach kurz vom Unfall. Etwas später wünschte mir Schrattl noch viel Spass bei seiner Mannschaft und ließ sich von einem Mitglied mal ins Krankenhaus zum Check bringen.

Die Höhle der Löwen

Na super, jetzt war ich ganz allein bei fremden Menschen, die mich nicht kannten. Doch ich kannte schon jemanden – Tom.

„Hi, Junge, komm her und setz dich zu mir!“ Er erzählte den anderen kurz von unseren gemeinsamen Trainings und dass es auch immer spaßig war. Inzwischen kam der Wirt, um meine Bestellung aufzunehmen. „Ich hätte gerne einen halben Liter Milch bitte“, sagte ich. Zur Erklärung: Ich trinke immer nach dem Training Milch. Mann, war das ein Aufruhr, das hatte dieser Club noch nie in einem Lokal gehört und der Wirt wohl auch noch nicht. „Wo soll ich denn einen halben Liter Milch herbekommen?“

Das Gejohle der Mitglieder war groß und es dauerte nicht lange, bis die ersten blöden Sprüche kamen: „Na, sind wir noch nicht abgestillt?“ oder „Gibt’s den bei euch Bauern noch keinen Alkohol?“ Plötzlich kam aus dem hinteren Winkel: „Hey Ossi, bring dem doch mal ne Halbe Colarot, ich wette, wenn er mal was Gscheites trinkt, werden wir ihn wohl ins Bett bringen müssen!“

Allgemeines Amüsement und schallendes Lachen machte sich breit. Es dauerte nicht lange und Ossi brachte mir ein großes Colarot und stellte es neben meine Milch. „Naa, du, versuch doch mal ob du das schaffst!“, rief Leo, der Mann in der Kutte vom hintersten Tisch.

Ich lächelte ihn an und trank mal unbeirrt meine Milch gemütlich leer. Alle beobachteten mich und warteten darauf, mich zum Vollhorst zu erklären, weil ich keinen Alkohol trinken würde. Nachdem ich meine Milch getrunken hatte, schnappte ich mir das Colarot, leerte es mit einem

Zug und bestellte gleich noch eins. Jaaa, da blieb so manche Kinnlade offen, nur Tom grinste, der kannte mich schon. Nach dieser Aktion wurde ich in die Runde aufgenommen und keiner zerriss sich mehr meinetwegen die Schnauze.

Ich saß inmitten der Jungs und Mädls und viele wollten gleich mal alles von mir wissen und ich von ihnen. Etwas später sprang die Tür auf und es stand Schrattl mit seinem Buddy Geggi auf der Matte, die Hand in Gips und ein riesiges Pflaster an der Schläfe. Er hatte Glück, es hätte auch die Rinde ins Auge gehen können.

Nach ein paar Stunden inmitten der wilden Hunde kannte ich schon einige des Clubs und sie waren alle echte Kumpels. Als dann Schrattls Schmerzen wieder größer wurden, brachte ich ihn nach Hause und beendete diesen aufregenden Tag. Von nun an besuchte ich Schrattl täglich und wir wurden ziemlich beste Freunde.

Die nächsten Clubabende kam ich wieder und wurde nach einer Weile ein Teil dieser Gemeinschaft, die mich zukünftig prägen würde.

Speedy, die Legende

Also, nun war es soweit, ich war in meinen jungen Jahren zum Minibiker mutiert. War Mitglied in einem Motorradclub, obwohl ich nur ein Moped besaß. Nur meiner immer größer werdenden Klappe, meinem Selbstvertrauen und meiner antrainierten Figur war es zu verdanken, dass ich so weit kam.

Doch zu all dem musste ich auch einen irgendwie passenden Hobel fahren. Na super, alle fahren geile Motorräder und ich muss mich noch ein Jahr auf einem Moped durch die Botanik quälen, dachte ich. Also musste ich die Chopper für Arme kreieren und aus dem was machen, was ich hatte. Also musste Speedy herhalten. An der Sitzbank ein Fell einer Ziege, weiß mit etwas längeren Haaren und am hinteren Teil thronte eine elend lange Lehne ebenfalls am oberen Ende mit Ziegenfell abgerundet. Der Antrieb wurde etwas verändert und damit schneller. Meine schöne Jeansjacke, die ich mir damals mal für den Aufriss der Mädls angeschafft hatte, wurde umfunktioniert zu einem malerischen Kunstwerk, die wurde von mir mit Totenköpfen und anderen revolutionären Bildnissen bestückt, mit welchen du heutzutage eingesperrt werden würdest. Aber das Legendäre war nicht das Aussehen, sondern die Fortbewegung. Ich kann mich da noch an eine Ausfahrt erinnern, wo der Club zu einer Motorradausstellung nach Grein fuhr. Ich musste natürlich immer schon einige Zeit früher wegfahren als meine Kumpels, da ich ja doch bedeutend langsamer war. Doch ich machte es mir immer sehr gemütlich. Auf der Fahrt schlug meine Beine über dem Tacho drüber zusammen und cruiste gemütlich dahin, das machte immer ein großartiges Bild.

Nachdem wir die Ausstellung besucht hatten fuhren wir dann noch essen zum Steckerlfisch, einer Grillstube an der Donau, wo wir gerne einkehrten. Dort war auch ein Biker eines befreundeten Clubs der Umgebung. Als wir nach einem üppigen Essen und den passenden Getränken dazu aufsatteln und aufbrechen wollten, musste sich der wilde Hund noch etwas wichtigmachen. Der Biker aus der Umgebung fuhr kurz vor uns weg, er besaß eine Kawa 1000Z, damals ein geiles Teil, dieser ließ seine PS spielen und ackerte mit einem Strich den Schotterparkplatz um und blieb dann an der Einfahrt zur Hauptstraße stehen, um sich von den anderen Besuchern der Grillstube feiern zu lassen. Doch diese hatten nur mehr Augen für meine Speedy und mich, denn wir fuhren gemütliche Runden am Hinterrad, was augenscheinlich spektakulärer war als ein Schotterweitwerfen eines Motorrads. Niemand bemerkte, dass der 1000er-Fahrer zerknirscht die Bühne verließ. Tja, was soll ich sagen? Man muss dem Publikum bieten, was es verlangt.

Treffen Überlingen

So ziemlich früh in der Karriere der Ochtahoiwa führte uns eine Anfahrt zu einem Treffen am Bodensee. Ich weiß leider den Namen des Clubs nicht mehr, aber das, was mir am meisten in Erinnerung blieb, war die geniale An- und Abreise.

Alles begann an einem Donnerstagabend. Geggi und ich tranken noch ein paar Abschlussbierchen bei Ossi und feierten Abschied von unserer geliebten Kneipe. So gegen zwanzig Uhr hatten wir unseren Abgang geplant, die Abfahrt am Morgen hatten wir für vier Uhr dreißig festgelegt. Warum so früh? Wir mussten noch über Kärnten fahren, dort trafen wir uns mit Stoff und Brixl am Ossiachersee.

Die beiden waren ja schon seit ein paar Tagen in Jugoslawien in Urlaub. Also war es klar, dass wir am Abend bald unsere Zelte abbrechen würden.

„Ach", sagte Geggi, „wenn wir noch kurz in die Bar schaun und dann haun wir uns auf's Ohr?"

Ich willigte ein und schon saßen wir an unserem Stammtisch. Ja, es war noch ein Späßchen, wobei wir fast vergaßen, dass wir früh raus mussten. Gegen Mitternacht zwangen wir uns dann doch, mal ins Reich der Träumenden zu reiten. Ich nächtigte in dieser Nacht bei Geggi und als dann kurz nach dem Einschlafen der Wecker rappelte, sprangen wir auch schon hoch, machten uns schlaftrunken noch etwas frisch und dann ging's auch schon ab nach Kematen. Vor der Festhalle trafen wir die anderen. Diesmal waren dabei: Schrattl, Geggi, Tempel Jürgen, Harald, Walt und natürlich ich.

Fast pünktlich brachen wir auf, um die erste Etappe zum Ossiachersee in Angriff zu nehmen. In tiefer Trance, der frühen Stunde geschuldet, cruisten wir durch's Ybbstal. Alsbald wurde es dann aber auch schon ungemütlich, es begann zu regnen. Ich war richtig glücklich darüber und hoffte, dass es bald wieder vorbei sein würde. Doch ich sollte mich da schwer täuschen. Als wir so dahin dümpelten kamen wir kurz vor Gaflenz an einer leicht abschüssigen Stelle zu einer scharfen S-Kurve. Ich war bei Geggi Beifahrer und saß zusammengekauert wegen des Regens hinter ihm. Als wir auf die Kurve zuschossen dachte ich nur: Wieso bremst er noch nicht? Und als er am letzten Drücker immer noch nicht langsamer wurde, klopfte ich mal mit der Faust an seinem Helm. Plötzlich riss es ihn hoch, er dürfte kurz mal eingenickt sein. Gott sei Dank weckte ich ihn früh genug, sonst hätte es vielleicht zum Sturz geführt. Aber so fuhren wir die Kurve wie in einer Bobbahn die Steilwand hoch und kamen wie gewollt wieder auf die Fahrbahn. Kurz waren wir beide erschrocken und Geggi fuhr im Schock etwas langsamer.

„Sag mal, hast du geschlafen?“, rief ich nach vorne.

Als Antwort kam nur: „Nana, I wollt di nur erschrecken!“

Kurz amüsierten wir uns drüber und Geggi gab wieder Gas. Als wir dann wieder an die anderen anschlossen, die ja auf uns warteten, wollten wir cool an ihnen vorbeifahren und dabei kam es fast zum nächsten Bockschuss. Als wir auf Höhe Schrattls waren, wollte der justament grade umdrehen und nach uns suchen. Fast knallten wir in sein Vorderrad, aber es ging nochmal gut. Nach allgemeinem Erwachen fuhren wir weiter im Regen, der mal mehr, mal weniger wurde.

Als wir endlich am Ossiachersee ankamen, ließ sich auch plötzlich die Sonne blicken und der Himmel wurde durchgängig blau. Als wir dann am vereinbarten Treffpunkt ankamen, waren Stoff und Brixl schon da und wir waren glücklich, dass unsere Kleidung mal etwas trocknen konnte. Während wir zu Mittag aßen, erzählten unsere beiden Urlauber, was sie in Jugoslawien erlebt hatten. Als alle schon aufgegessen hatten, bekam auch ich endlich meine Futterschüssel und auch gleich Essstress, denn unser Roadkäptn Stoff wollte unbedingt schon wieder aufbrechen, bevor es wieder zu regnen beginnen würde. Außerdem waren ja noch einige Kilometer bis zum Ziel vor uns. Hastig schlang ich meinen Wurstsalat hinunter und schon waren wir wieder auf der Piste und wie ausgemacht zogen Wolken auf und wie schon den ganzen Vormittag begann es auch jetzt wieder zu regnen. Durch das bescheidene Wetter wurden wir gezwungen, unsere Route etwas zu ändern und ab Mallnitz ließen wir uns mit der Bahn durch den Tauerntunnel nach Böckstein fahren. Es war richtig romantisch. Unsere Bikes verluden wir in einen Frachtwaggon und weil es dort so kuschlig war, blieben wir auch gleich darin. Es gab nur einen Nachteil, es gab kein Licht. Also wurden einige Fotos mit Blitz geschossen und der Rest der Fahrt wurden unsere Feuerzeuge als Laternen benutzt.

An der anderen Seite in Böckstein angekommen, regnete es bereits ein Vielfaches mehr als in Mallnitz, also beschlossen die meisten, ihr Regendress anzuziehen. War das lustig, Geggi, Stoff und Brixl sahen aus wie drei Gummibären in ihrem Dress. Danach ging es über Salzburg und Tirol weiter, durch den Arlberg und als es schon so zwanzig Uhr Abends war, passierten wir erst die Grenze zu Deutschland gleich nach Lindau.

Auf deutscher Seite gaben wir dann den Bikes die Sporen und ließen es knallen. Wir waren schon etwas müde, aufgeweicht vom Regen, der endlich aufhörte, und wir wollten eigentlich nur mehr ankommen und mal einen Drink zu uns nehmen. Als wir durch Friedrichshafen glühten, hatten wir leider einen kleinen Zwischenstopp. Es war ja schon etwas dunkel und wenig Verkehr, also ließen wir es krachen. So mit 120 durchquerten wir das Stadtgebiet und wie es in der Stadt eben so ist, gab‘s auch hier Ampeln, wo eine etwas zu schnell umschaltete und wir bei Rot noch über die Kreuzung hobelten. Gleich danach sahen wir auch schon ein leuchtend rotes Lämpchen, das uns den Weg an den Straßenrand zu einem grünen Männchen erleuchtete. Scheiße, jetzt wird's haarig dachte ich.

Es war nämlich so: In unserer lustigen Gruppe hatten wir zwei Mann auf einem Bike, die ein besonderes Abkommen hatten, das zu Hause schon besprochen wurde, wie es im Ernstfall ablaufen würde. So, mal zur Erklärung: Die Besatzung waren Harald und Tempel Jürgen. Harald hatte einen Führerschein, aber kein Bike. Tempel Jürgen hatte ein Bike, aber keinen Führerschein, wollte aber nach Überlingen mitfahren. Also machten Harry und Jürgen einen Deal. Jürgen würde fahren und Harry am Sozius sitzen. Sollte uns die Exekutive anhalten, sollten wir anderen etwas Verwirrung stiften. Zur selben Zeit würde Jürgen, der Fahrer, nach rechts vom Moped absteigen und Harald vom Sozius nach vorn rutschen und dann, wenn es zur Kontrolle kam, würde Harry die Papiere vorweisen und alles wäre gut.

Ein hervorragender Plan der beiden und mit einigen Bauchschmerzen der anderen behaftet. Nun war es so weit, es trat der Ernstfall ein und fast alles funktionierte. Alle blieben durcheinander stehen, Ablenkung perfekt. Nur unser Pärchen machte einen kleinen Fehler: Sie blieben stehen, aber beide stiegen vom Bike ab, dieses kippte und wurde von einem Beamten und Harry aus Reflex aufgefangen. Na super, dachte ich, das war`s mit unserem Ausflug und die beiden dürfen hierbleiben.

Ich steckte mir einen Tschick ins Gesicht und während ich in meiner Jacke nach Feuer suchte, streckte mir ein zweiter Polizist seine Hand zu und gab mir Feuer. Ein netter Mensch, dachte ich und bedankte mich mit einem Lächeln. Der andere Beamte sichtete inzwischen die Papiere der anderen. Als er zu Harry kam, fragte er verwundert, wie das sein könne, dass Harry bei den Fahrzeugpapieren einen anderen Namen als am Führerschein hatte. Harry erklärte dies so: Er wollte gerne mit zum Treffen fahren, hatte aber keinen Untersatz. Jürgen wollte auch mitkommen und darum hatte Jürgen dem Harry dass Bike überlassen. Auf die Frage des Beamten antwortete Jürgen: „Ich hab ja keinen Führerschein, ich darf ja nicht fahren!“

Was soll ich sagen, wir hatten echt Glück mit den beiden Beamten, sie glaubten zwar diese Geschichte, denke ich, nicht, doch weil wir nette freundliche Ösis waren, ließen sie uns nochmal davonkommen. Wir ratschten noch etwas mit ihnen und sie erklärten uns dafür noch den Weg zum Treffen. Erleichtert machten wir uns auf die restliche Strecke und so nach einer Stunde, es war so gegen 22:30 Uhr, kamen wir auf das Festgelände. Es war eine sumpfige Wiese, denn auch hier, erfuhren wir, schüttete es den ganzen

Tag wie aus Kübeln. Während die Fahrer noch auf den Bikes sitzen blieben, suchten die anderen eine Unterlage für den Seitenständer, denn ohne Brettchen als Unterlage wären unsere Mopeds eingesunken und umgefallen.

Als unsere Fahrzeuge endlich sicher standen, begannen wir unser Zelt aufzubauen, war ja nicht sehr einfach, weil die Heringe in der nassen Erde kaum Halt fanden. Doch nach einer halben Stunde stand das Ganze und wir konnten unsere nassen Sachen mal im Vorzelt aufhängen und uns in Trockenes wickeln. Nach getaner Arbeit waren wir noch auf einen Sprung im Bierzelt, um auch mal von innen etwas nass zu werden. Der Besuch war aber nur kurz, denn nach gut 1100 km und fast durchgängigem Regen am Bike fühlten selbst wir uns etwas müde und gingen nach einem Gute-Nacht-Trunk in den Schlafsack.

Am nächsten Morgen fuhren wir nach Deisendorf frühstücken und hinterließen schon beim Eintreffen im Kaffeehaus einen hervorragenden Eindruck. Gleich nach dem Eingang war eine Garderobe, wo unten Pflanzen wuchsen und ganz oben eine Ablage war, wo einer nach dem anderen seinen Helm ablegte. Doch blöderweise war gerade bei Jürgens Helm die Ablage schon zu Ende und sein Helm schlug genau in den wunderschönen Pflanzen ein. Die Chefin sagte zwar nichts, aber im Inneren explodierte sie sicher fast. Alles in allem war es ein gemütliches Frühstück, das dann doch gleich bis Mittag andauerte.

Am frühen Nachmittag kamen wir dann erst wieder auf die Sumpfwiese, wo es bereits etwas voller wurde. Ein Zelt stand neben dem anderen und im Hauptzelt ging es auch schon ganz schön ab. Natürlich mussten auch wir gleich mal rein ins Getümmel, das aber mit kleinen Hindernissen versehen war. Am Eingang des Zeltes war eine tiefe breite Pfütze und durch das Durchlaufen der vielen Gäste, war es natürlich schon eine ziemlich dicke Schlammspur geworden. Als wir überlegten, wie wir am besten sauber durch den Matsch kommen, kam uns ein Mädel entgegengeflogen und bremste direkt mit ihrer Vorderseite im Schlammloch. Sie war über und über mit Schlamm bedeckt. Gleich dahinter kam scheinbar ein Kumpel aus dem Zelt gerannt und warf sich sofort auf die Kleine, nahm eine Handvoll Schlamm und schmierte ihn ihr mitten ins Gesicht. Das war gschmackig. Aber wie eben Biker so sind, dauerte es nicht lange und auf einmal balgten sich Menschenmengen vor dem Zelteingang im Dreck. Wir waren noch nicht so weit, wir mussten mal ein paar Humpen heben. Als wir einen Platz suchten, fanden wir auch gleich Platz neben einem Club, der, wie sich herausstellte, aus Tirol war. Wir nahmen an ihrer Tafel Platz und hatten von Anfang an mit ihnen viel Spaß. Es stellte sich heraus, dass sie die „Outsiders“ aus Innsbruck waren. Mir waren sie von Anfang an sehr sympathisch, denn einer von ihnen hieß auch Opa, war also mein Namensvetter, der aber eher einem Opa ähnlicher sah als ich. Vollbart, Glatze und ein anständiges Bierwämschen, genau, wie ich das mag. Als ich Opa erzählte, dass ich meist in Wien auf Montage war und dort in meiner Nachbarschaft auch ein Motorradclub ansässig war, kamen wir drauf, dass dies ihr Wiener Chapter war. Er erzählte mir auch, dass ihr Club gemeinsam mit den Wienern rund 800 Mitglieder habe und sie sich gegenseitig immer besuchen würden. Als ich ihm auch von meinem Bikerfreund Joe aus Wien erzählte, trug er mir auf, schöne Grüße an den Club in Wien zu überbringen.

Danach wurde nur mehr rumgeblödelt. Der Schmäh lief und wir verstanden uns alle echt gut. Je später der Abend wurde und je öfter wir aufs Töpfchen mussten, desto dreckiger kamen wir wieder ins Zelt. Wir fanden echt Gefallen an dem Schlammloch vor dem Zelt und nahmen dabei jeden mit rein, der noch sauber war. Als es dann schon sehr spät wurde und wir an die Rückreise dachten, verrollten wir uns ins Zelt.

Früh morgens, gegen acht, wurden wir von dem Motorenlärm der Nachbarn wachgerüttelt. Ich blickte aus dem Zelt raus und sah, dass die Outsiders versuchten, ihre Gefährte anzuwerfen. Darunter war auch ein Trans Am, der dürfte sich beim Starten etwas geziert haben, denn er sprang fast nicht an. Als ich zur Fahrertür des Wagens kam, sah ich den Grund, warum er so schwer zu starten war. Er hatte eine Kabelstartung, das heißt, er wurde kurzgeschlossen.

Als ich den Fahrer fragte, warum dies so sei und ich eher an das Verlieren des Autoschlüssels dachte, erklärte er mir grinsend, dass sie den Wagen in Innsbruck geklaut hatten, weil sonst ein paar ihres Clubs nicht zum Treffen hätten mitkommen können. Das leuchtete mir ein. Als er den Trans Am doch dazu bewegen konnte anzuspringen, verschwand der Club auch schon wieder.

Während wir unser Zelt abbauten, war unser Blick immer in Richtung Himmel gerichtet, denn aus Westen kam schon wieder eine fette schwarze Wolke. Wir wurden immer schneller beim Abbauen und Zusammenräumen. Als wir fertig waren, rauchten wir noch schnell eine zum Abschied, aber kaum angezündet begann es auch schon zu tröpfeln. Wir schwangen uns auf die Bikes und rasten davon. Wir wollten ja auch nicht wirklich mehr nass werden. Wir nahmen den direkten Weg nach Hause und das natürlich ,soweit es ging, auf der Autobahn. Bis zum Grenzübergang Salzburg. Dort wurden wir durch einen Grenzer etwas aufgehalten. Damals gab es ja noch kein Schengen und wir wurden alle kontrolliert. Als Walter kontrolliert wurde, gab es einen kleinen Aufstand, denn er hatte keinen Reisepass dabei. Am Grenzübergang Lindau wurden wir durchgewunken und in Salzburg hingegen festgehalten wegen Verdacht auf illegalen Grenzübertritt. Sie wollten ihn schon dabehalten, aber durch unseren Charme konnten wir den Grenzer überzeugen, dass Walter doch ein eher ungefährlicher Mensch war. Außerdem war er ja schon gestraft genug, denn bei der Hinfahrt hatte er bei einer kurzen Rast in Tirol seine teure Fotoausrüstung stehen gelassen und nie wiedergesehen.

Als wir weiterfahren durften, war uns nach diesem Stressereignis und dem pausenlosen Rasen auf der Autobahn mal ein Zigarettchen vergönnt, doch kaum bei der Hälfte angelangt, begann es schon wieder zu tröpfeln. Also ausgedämpft und weiter mit Schmackes. Kurz vor Linz versuchten wir es nochmals, aber auch hier wurden wir vom Regen gezwungen, weiter zu glühen.

Am Ende des Tages kamen wir dann doch endlich in unserer Heimat an. Jetzt konnten wir uns endlich in der „Knochendiele“ ein beruhigendes Bierchen reinstellen. Wir hatten es noch nicht mal am Tisch stehen, als wir merkten, dass draußen der Monsun, der uns von Überlingen weg verfolgt hatte, niederging. Wir waren erleichtert, dass wir es so weit trocken geschafft hatten, und genossen unser wohlverdientes Bierchen.

Mein erstes Motorrad

Kurz vor meinem achtzehnten Geburtstag war ich es ziemlich leid, immer noch mit meiner Speedy hinter meinen Bros mit ihren Motorrädern hinterher zu dümpeln. Also hielt ich langsam mal Ausschau nach einem Flitzemoped mit einem irren Sound und etwas Decka unterm Arsch. Führerschein? Ach ja, den sollten wir ja zuallererst machen, aber der geht ja ohnehin nebenbei mit. Fast wöchentlich stand ich bei unserem Bikestore auf der Matte und sah mich nach einem brauchbaren zu mir passenden Untersatz um.

Eines Tages war ich mal wieder zu Besuch im Store und es war Liebe auf den ersten Blick. Eine weinrote Honda CB 650, 68 Ps eine 4-in-4-Anlage, ein Sound, der meiner würdig war. Es stand nur eines zwischen uns, dass einer sofortigen Hochzeit im Wege stand, der Preis.

Da ich ja eher wenig Einkommen und dafür relativ hohe Lebenserhaltungskosten hatte, war die Honda für mich ziemlich unerschwinglich. Aber wie es der Teufel eben wollte, machte mir Pimperl, der Verkäufer, ein Angebot, worüber ich echt zum Nachdenken angeregt wurde. Ich bat ihn, mir dieses heiße Moped mal für eine Woche zu reservieren, damit ich versuchen könne den Zaster auf die Welt zu bringen. Ich wollte den Bock unbedingt haben, darum wurde zu Hause alles zusammengekramt das irgendwie etwas wert war. Gott sei Dank hatte ich doch einiges Einträgliches und auch die passenden potenten Käufer dafür. Angefangen von wertvollen alten Vinylplatten über Orden bis hin zu Münzen, alles wurde verhökert. Im Nachhinein gesehen hätte ich mehr daran verdienen können, doch was soll‘s, ich brauchte das Geld.

Nach drei Tagen hatte ich endlich die Kohle für meinen Traum zusammen und ich besuchte damit meinen Lieblingsverkäufer, damit er mir meine Liebe überlassen konnte. Ich bin mir sicher, dass ich sie noch günstiger bekommen hätte, aber was soll ich sagen? Mit knapp achtzehn ist man meist nicht wirklich auf harte Verhandlungen aus, wenn man was wirklich will.

Aber egal, nun war es so weit, mein erstes eigenes Motorrad, ach wie geil. Schnell noch zum Versicherer meines Vertrauens, dann schnell auf die Behörde, anmelden, Kennzeichen raufgeschraubt und ab gings. Ach ja, hatte ich schon erwähnt, dass ich noch keinen Führerschein besaß? Egal, Hauptsache eine Bestie unterm Hintern und cool sein, dass war damals das wichtigste. Also, meine noch etwas jüngeren Leser, bitte nicht nachmachen, damals war‘s ja noch nicht so schlimm, mal illegal Moped zu fahren. Heutzutage versaut ihr euch nur die restliche Jugend. Behördliche Strafen, Führerscheinsperre und dergleichen. Und das schlimmste, es kostet unnötig Kohle.

Ich hatte damals Glück, hätte aber, wie ihr sehen werdet, schlimmer ausgehen können.

Also, ich saß vor dem Motorradladen auf meiner eigenen Höllenmaschine, ließ mir noch schnell ein paar neidische Blicke folgen, dann Gang rein und schon röhrte ich davon. Wow, etwas mehr Schub hatte sie als meine Speedy, waren ja durchaus fast siebzig Pferde unterschied. Ich dachte mal drüber nach, wo ich sie am besten testen könnte und schon hatte ich eine gute Teststrecke vor mir. Ich ließ es gleich mal etwas krachen, denn das erste Mal auf einem Bike, das hat man ja sofort mal im Griff.

Mein erstes Gefühl war sehr positiv, die Honda war bissig, lag sehr gut in den Kurven und war sehr handlich, soweit ich dies als Anfänger einschätzen konnte. Ich rauschte den Berg hoch, über den Felberbauern in Richtung Randegg. Ich war geflasht von der Geschwindigkeit und einfach von allem, bis ich an rauchenden Holzstößen einer

Holzkohlenbrennerei vorbeifuhr. Nach einer scharfen Rechtskurve war eine längere Gerade und da musste ich Depp ja unbedingt nochmal hochbeschleunigen, obwohl ich wusste, dass nach dem geraden Stück eine scharfe Linkskurve kam. Da machte ich auch schon den ersten verhängnisvoller Fehler meines jungen Motorradfahrerlebens. Ich schoss auf diese Kurve zu, bremste auch etwas ab und schaltete auch noch nach unten, damit ich den Kurvenausgang gleich wieder voll rausbeschleunigen könne. Doch so weit kam's nicht. Damals waren ja noch manche Brücken voll aus Holz, auch die Fahrbahn selbst. Blöderweise war es hier noch etwas nass und, wie gesagt, ich war grade beim Runterschalten, da ließ ich direkt am Holz die Kupplung los. Wie Biker es ja bestimmt wissen, hat ein Viertakter schon eine ziemlich starke Bremswirkung und so war es auch hier. Auf einmal kam mein Hinterrad zu stehen flutschte weg und schon knallte ich auf den Boden, rutschte ein paar Meter dahin und landete in der vor mir aufragenden Böschung. Gott sei Dank war ich nicht so schnell und ich kam bis auf einige Stoffverletzungen meiner Jeans davon. Ich sprang auf, rannte zu meinem Bike und riss es gleich hoch, muss ja nicht gleich jemand sehen, dass hier ein Idiot zu Sturz kam.

Als ich meine Honda so am Straßenrand stehen sah, kamen mir fast die Tränen. Meine neue Leidenschaft hatte es schon am ersten Tag geschafft, dass sie mir Leiden schafft. Der Rückspiegel zerbrochen, der linke Blinker vorne und hinten und natürlich auch Schürfspuren an Fußrasten, Auspuff und Griff. Mann, war das wieder nötig!! Nach einem Zigarettchen zur Beruhigung fuhr ich dann etwas gemütlicher zurück und gleich wieder zum Motorradfachhandel meines Vertrauens. Als ich den Verkaufsraum betrat, kam mir direkt Pimperl entgegen und fragte mich erstaunt:

„Na Opa, ham ma was vergessen?“

Ziemlich niedergeschlagen sagte ich nur: „Blinker linke Seite und Rückspiegel sind mir davongeflogen, dürfte ein Fabrikationsfehler gewesen sein!“

Nachdem ich alles neu gekauft und gleich an Ort und Stelle wieder montiert hatte, holte ich mir noch einen Rüffel von Pimperl ab und danach fuhr ich etwas besonnener in Hondas neue Unterkunft. Nicht nach Hause, sondern zu Fuzzis Haus, da stellte ich meine Kleine mal unter, denn nach Hause ging ja nicht. Ich hätte da wohl diesen Tag nicht überlebt, denn mit einem Motorrad und ohne Besitz eines Führerscheins anzukommen, das hätte wohl meine Eltern zu einem Mord bewegt. Also fuhr ich weiterhin offiziell von und nach Hause mit meinem treuen Rosse, meiner Speedy.

Und an alle, die es schon in den ersten Wochen als Biker auf den Asphalt klatschte: Seid nicht traurig, ich hab‘s nach einer Dreiviertelstunde geschafft, mein neues Teil zu schrotten.

Der Führerschein

Nach fast achtzehn Jahren war es endlich mal so weit, ich kratzte meine Kohle zusammen und meldete mich an zum Führerschein. Weil ich ja nicht wusste, was mein Leben noch bringen würde, entschloss ich mich, alle Klassen, die mir möglich waren, zu machen. Der wichtigste war mal das Motorrad, das musste sein, das Auto natürlich auch, denn wenn das Wetter mal etwas launisch wäre, bräuchten die Tussis nicht am Moped aufgebockt werden, sondern könnten sich frisch aufgestylt ins warme Auto setzen. Natürlich gehörte für mich auch der Brummischein mit Hänger dazu, es könnte ja sein, dass ich mal eine Truckerkarriere ansteuern würde, sicher ist sicher.

Also, der theoretische Teil war ja wirklich, ich sag mal, etwas ermüdend, doch er musste sein. Das praktische war eher schon meins und als ich meine erste Fahrstunde im Golf hatte, blühte ich schon mal auf und konnte meine alten Schwarzfahrerkenntnisse gleich gut anwenden. Der Fahrlehrer war wegen meines Könnens richtig verblüfft und meinte, dass ich wohl schon mal gefahren sein würde. Ich verneinte dies und sagte bloß, dass ich oft Beifahrer war und eben auch schnell lernen würde. Da er wusste, dass ich ja auch den LKW-Schein mache, meinte er, dass ich gleich mal im PKW das Schalten des LKWs probieren könnte. Dass hieß früher, es gab beim Schalten immer Zwischengas und Zwischenkuppeln beim Brummi. Natürlich sah ich darin eher kein Problem, bis ich eines Besseren belehrt wurde. Da ein PKW ja eher etwas schneller ist als ein Brummi, muss man ja etwas früher mit dem Runterschalten beginnen. Da kam es, dass wir auf eine Querstraße zusteuerten und ich vielleicht etwas zu spät mit dem Runterschalten begann oder vielleicht auch zu schnell war. Ich schoss auf die Kreuzung zu und kam langsam in Stress, da ich ja mit meinen Gängen noch nicht so weit war, wie ich sollte. Plötzlich sprang der Fahrlehrer auf die Bremse, sonst wären wir wohl über die Querstraße gebrettert und hätten möglicherweise des Bauers Acker frisch gepflügt.

„Wann wolltest du eigentlich abbremsen?“, fragte mein Fahrlehrer.

„Sobald ich am richtigen Gang gewesen wäre, hätt ich schon gebremst“, entgegnete ich ihm.

Tja, nach etlichen Belehrungen durfte ich dann auch schon wieder die Fahrt aufnehmen. Dafür brauchte ich nur mehr normal autofahren, was ja viel besser war, denn da konnte ich noch schneller fahren, was aber meinen Beifahrer nicht so amüsierte, weswegen er wieder was zu melden hatte.

Mann, war ich froh, als diese beiden Stunden vorbei waren, die waren ja wirklich anstrengend mit so einer Spaßbremse als Beifahrer. Da freute ich mich schon eher auf die LKW-Fahrstunden, anderer Lehrer, andere Sitten. Dieser Fahrlehrer war genau meins, bärtiger, im Gesicht zerfurchter Mann, immer einen derben, aber meistens guten Spruch auf den Lippen, was will man mehr? Gleich die ersten zwei Stunden zeigte ich mein Talent, auch mit großen Dingen zurechtzukommen. Zumindest war es so gut, dass bei der nächsten Doppelstunde der Fahrlehrer sagte: „Ok, fahr wohin du willst, aber fahr mir keinen über den Haufen!“ Er sagte dies, schlug auch schon seinen mitgebrachten Kurier auf und verschwand sogleich hinter dem Sportteil. Geil, dachte ich bei mir, startete dann auch schon den Brummi, fuhr noch schnell an den Fahrschulplatz und holte den Anhänger ab, kuppelte diesen fachmännisch an, schwang mich wieder auf den Bock und ab ging's auf den Highway. Während ich so dahinglühte, erzählte mir mein Fahrlehrer, was in der Welt schon Neues los war. Es war eigentlich eine tiefenentspannte Fahrt, bis wir von Senftenegg in Richtung Ferschnitz fuhren. Ich lenkte meinen Brummi wie ein Profi, aber vor lauter cool vergaß ich mal ganz kurz das Zwischenkuppeln und schmiss den Gang mal ohne zu kuppeln hinein. Das Getriebe machte sich deswegen mit einem richtig fetten Krachen und Grummeln bemerkbar. Ich war zutiefst erschrocken und schämte mich auch ganz kurz ein bisschen.

Mein Fahrlehrer war cool, er ließ nur kurz seinen Kurier sinken, sah mich an und sagte: „Hoffentlich hat das Getriebe dies ausgehalten!“ Er horchte kurz mal in den Motor hinein, zuckte mit den Schultern und war auch schon wieder in seine Zeitung vertieft. Ab da fuhr ich mal wieder etwas konzentrierter weiter, ich wollte ja kein Brummidestroyer werden. Wieder am Badparkplatz in Amstetten angekommen, versuchte ich noch ein paarmal zurückzusetzen und dann ließ ich es für den Tag wieder gut sein.

Die nächste Fahrstunde war für mich die lebenswichtigste, es war die Doppelstunde mit dem Motorrad. Na super, eine 450er BMW, ein Schaukelpferd auf Rädern, ich war enttäuscht. Und am schlimmsten war die erste halbe Stunde, anfahren, abbremsen, zielbremsen, Achterfahrt. Was will der Mensch von mir? Das weiß doch jedes Kind, wie das funktioniert. Als er aber meinen Anflug an Enttäuschung bemerkte und sah, dass ich ja von zwei Rädern schon etwas Ahnung hatte, gab er sich einen Ruck und sagte: „Ok, nun geht's auf die Straße, fahr immer schön hinter mir und mach nicht zu viel Blödsinn!"

Als ob ich jemals Blödsinn gemacht hätte, so ein Schwachsinn.

Der Fahrlehrer fuhr vorne und ich tuckerte hinterher. Ja, das ist ja ganz ein Braver, dachte ich. Beschränkungen wurden penibel eingehalten, überholt wurde nie und cool war das mal gar nicht. Zwischendurch machten wir auch mal eine Pause, um mal meine Fahrweise zu analysieren und mein Reifen warm fahren zu verurteilen.

„Man fährt im Straßenverkehr keine engen Schlangenlinien!", schimpfte der Fahrlehrer.

„Ich dachte bloß, wenn dann mal das Tempo erhöht wird, sollten doch meine Reifen warm sein, ich will ja nicht unnötig abfliegen!", meinte ich. „Ich wusste ja nicht, dass wir Rentnerschaukeln spielen!"

Er schüttelte nur den Kopf, schwang sich wortlos wieder auf seine Affenschaukel und ab ging's wieder auf den Rentnerausflug. Als ich mit der Zeit schon äußerst gelangweilt war, kamen wir zum letzten Teilabschnitt unseres Ausflugs, unsere Heide. Für alle, die sie nicht kennen, es ist die Verbindung zwischen Waidhofen und Amstetten, eine Strecke, die zum Bolzen einlädt. Als wir so an der Kreuzung Haidhof standen und den Verkehr der Hauptstraße an uns vorbeiziehen ließen, grübelte ich gerade, wie schnell die 450er wohl sein würde. Ich dachte, ich sollte das jetzt mal testen! Der Fahrlehrer fuhr nach dem letzten Fahrzeug der Kolonne aus der Kreuzung und dachte, dass ich wohl auch schon nachkommen würde. Doch Irrtum, ich war ja einer, der eher auf der sicheren Seite war, um das Auto, das noch so 300 Meter weit weg war, noch passieren zu lassen. Als es dann ein Stück vorbei war, knüppelte ich die BMW dem Fahrlehrer nach. Ich reizte die Drehzahl bis zum Äußersten aus, um etwas an Geschwindigkeit zu schaffen. Ich musste ja etwas schneller werden, sonst hätte ich den VW-Käfer niemals überholen können. Ich setzte den Blinker vorschriftsmäßig, glühte am Käfer vorbei und reihte mich nach dem Überholvorgang wieder brav ein. Als ich sah, dass vor mir reichlich viel Straße lag, machte ich mich ganz klein und beobachtete auf dem Tacho, wie hoch meine Endgeschwindigkeit war.

Mann, nur 145!!, dachte ich, es war deprimierend. Während mir gerade das Gesicht einfiel, bemerkte ich einen Biker am Straßenrand, es war der Fahrlehrer, der auf mich wartete. Zum Abbremsen war es zu spät und ich raste an ihm vorbei. Sah im Rückspiegel nur einen wild gestikulierenden Typen, der scheinbar etwas ungehalten war. Gott sei Dank war ich ja gut erzogen und wartete dann an der nächstmöglichen Auskehr auf ihn. Hätte ich das wohl besser nicht gemacht. Als er neben mir zu stehen kam, dachte ich, er hätte während der Fahrt einen Sonnenbrand aufgezogen, so rot war sein Kopf, aber ich denke, dass dies eher die Schimpftiraden ohne zwischendurch zu atmen hervorriefen.

Nachdem sein Blutdruck langsam wieder sank, ratterten wir zurück auf den heiligen Platz der Fahrschule. Dies waren meine einzigen Fahrstunden auf dem Bike. Jetzt weiß ich auch, warum ich in meiner Bikerkarriere des Öfteren in der Botanik lag, es war einfach wegen mangelnder Fahrstunden beim Führerschein.

Ende meiner Berufung

Was soll ich sagen? Mein Leben hatte sich schwer verändert, zumindest fand das mein Lehrherr. Als er eines Tages mal meine Mutter traf und sie ihn fragte, ob ihr allerliebster Sohn denn auch immer brav und anständig wäre im Job, so entgegnete er: „Ich weiß nicht was mit ihm los ist. Er war immer so brav und erledigte alles was man ihm auftrug, war ruhig und nett. Doch die letzten Monate wurde er immer aufmüpfiger, gab bampfige Antworten, hat immer das letzte Wort und es ist ihm alles scheißegal! Was ist nur los mit ihm? Hat er einen schlechten Umgang? Verkehrt er in schlechten Kreisen?"

Beide waren ratlos. Nur ich wusste, was los war!! Ich war ein Revolutionär geworden und stellte mich gegen Etikette und Normalität. Ja, ich war ein verspätetes Blumenkind. Ich hatte mich verändert und entkam endlich dem „normalen" Leben. Es war schön. Die sogenannten „normalen" Menschen zerrissen sich meinetwegen ihr Maul und das war gut so.

Eines Tages war ich wieder mal auf einer Baustelle beschäftigt, als einer meiner Meister mich besuchte. Er kam mir an diesem Tag äußerst angespannt und unruhig vor, ich dachte gleich, dass ihn irgendwas bedrückte. Er sah mich an und stammelte: „Du, Günter, ich muss dir etwas äußerst Unangenehmes sagen!"

Ich sah ihn an und erkannte sofort, was er mir mitteilen wollte. Wir kannten uns ja auch schon eine Weile und hatten so manches Bierchen zusammen gezwitschert, also merkte ich ihm sofort an, was ihn bedrückte. Ich sah ihn an, grinste verschmilzt und fragte: „Habt ihr euch endlich überwunden und mich rausgeschmissen?"

Er sah mich mitleidig an, nickte und fragte mich, warum ich das wisse und warum ich deswegen nicht total fertig wäre, es ginge ja um meine berufliche Zukunft. „Es wird ja endlich Zeit, dass ihr euch überwindet und mich entsorgt, ich warte ja schon seit meinem Lehrabschluss darauf! Langsam dachte ich schon, ich muss kündigen. Ich bin's leid, in dieser Firma zu arbeiten, nur zu buckeln und Scheißjobs zu erledigen, die sonst niemand machen will, und auch noch Massen von Überstunden für einen Hungerlohn zu machen. Danke, aber ich arbeite nicht für euren Profit, ich arbeite, um zu leben, und zwar mein Leben!"

Egon sah mich entgeistert an und musste sich nach meiner Ansprache erst mal sammeln, bevor er seine nächsten Worte fand, denn mit so einer Reaktion hatte er offenbar nicht gerechnet.

„Du kannst dir deine Papiere im Büro abholen und Schluss ist dann nach der Kündigungszeit!"

„Das denke ich nicht!", entgegnete ich. „Ich stehe ab sofort nicht mehr zu Verfügung!" Ich grinste und ließ meinen Werkzeug fallen mit den Worten: „Mahlzeit und auf Wiedersehen, ich kauf ma mal eins und dem Chef sagst, dass ich mir meine Papiere schon morgen hole, aber nur, wenn's mein körperlicher Zustand erlaubt!"

Dunkel hörte ich meinen Meistern noch nach mir rufen, dass ich das so nicht machen dürfe! Doch leider konnte ich diese Worte kaum mehr hören, da ich ja bereits meine Honda gestartet hatte.

Jaaa, der restliche Tag wurde leider zur Gänze von meiner Festplatte gelöscht, genauso wie die Erinnerungen an die beschissene Lehrzeit, die ich mir zuvor doch etwas anders vorgestellt hatte. Aber, liebe Kinder, seid nicht traurig, es ist nicht jede Lehre so schlecht, nein, sie kann auch eine echte lebensbereichernde Zeit sein, über die ihr sicher noch lange schwärmen werdet.

Ich denke, es war nicht der nächste Tag wo ich meine Papiere vom Chef holte, ich denke, ich hatte dies vergessen, denn meine Kündigung kam mit der Post. War ja weiter nicht so schlimm, wenn nicht damals meine Post vom Muttertier geöffnet worden wäre. Ja, das war halt mal wieder Theater, denn sie wusste noch nicht, dass ich keinen Job mehr hatte. Aber wie sagt man immer? Auch dieses Theater hat mal ein Ende.

AMS – Das ist kein Gütesiegel

Als endlich mal wieder etwas in meinem Kopf klarer wurde, ich feierte ja schon ein paar Tage meine neue Freiheit, merkte ich, dass ohne Job keine Kohle für diverse Betankungen meines Körpers vorhanden war. Also musste Zaster her. Böse Zungen behaupteten, dass man beim AMS das nötige Kleingeld bekam. Was dabei stimmte: Es war Kleingeld.

Aber mal von Anfang an:

Es war ein wunderschöner Montagvormittag, an dem ich den Weg zum Arbeitsamt suchte. Wie gesagt, ich suchte mal, denn ich hatte mit diesem Amt noch nie zu tun gehabt. Als ich es fand, war ich so glücklich, dass ich mir gleich an der gegenüberliegenden Straßenseite bei einem Würstlstand ein Bierchen gönnte. Danach setzte ich frisch motiviert meine Expedition ins AMS fort und kam gleich zu einer netten Dame am Empfang, die sofort mein Begehren erfragte. Nachdem ich ihr gesagt hatte, dass ich eigentlich nur hier wäre, um etwas Geld für mein Hobby abzuholen, drückte sie mir grinsend ein paar Zettel zum Ausfüllen in die Hand. „Gleich ausfüllen und dann ins Zimmer 104 damit, hier wird Ihnen dann weitergeholfen."

Ich machte mich gleich ans Werk, füllte die Zettel nach bestem Wissen und Gewissen aus und klopfte nach vollendetem Werk an die angegebene Zimmertür. Nachdem mich eine grummelige Stimme hineingebeten hatte, trat ich ein und … ich weiß nicht, die grummelige Stimme stockte kurz, als mich der Berater sah. Trotzdem bat er mich, Platz zu nehmen, und nahm mir meine Papierchen ab. Nachdem er mich geprüft hatte, ob ich als neuer Angestellter des AMS taugen würde, erklärte er mir, dass er mich gleich zu einigen Firmen schicken würde, die schon dringend auf einen Tischler warteten. Ich unterbrach ihn da mal kurz und sagte: „Momentchen mal, das muss ein Irrtum sein, ich brauche keinen neuen Tischlerjob, ich möchte nur etwas Geld abholen!"

Ab nun möchte ich nicht wiederholen, was der nette Beamte zu meinem Anliegen zu sagen hatte, aber er war, mit einfachen Worten, mit meinem Wollen nicht wirklich glücklich. Da ich aber eher ein Typ war, der alle Menschen glücklich machen wollte, versprach ich ihm, die vorgeschlagenen Betriebe zu besuchen und mich ihnen anzuvertrauen. Ja, er war dann zufrieden und wir machten dann auch gleich einen Termin aus, bis wann ich alle Sklavereien durchgeackert haben sollte.

Mit der Liste aller Betriebe in der Tasche ging ich sofort ans Werk und … bestellte auf der anderen Straßenseite beim Würstelstand noch ein Bierchen, man kann doch nicht ungestärkt zur Tat schreiten, wo kommt ma denn da hin?

Die nächsten beiden Tage verbrachte ich damit, mich bei den angegebenen Firmen artig vorzustellen. Alle waren begeistert als sie mich sahen. Es waren eigentlich alle Gespräche sehr produktiv und für beide Seiten zufriedenstellend, bis die Worte „Aufgaben im Betrieb" und „die dafür leistende Entlohnung" fielen. Da fühlte ich mich so richtig im Kabarett. „Waaas!? So ein Job für die paar Kröten!? Danke, aber nein Danke!", sagte ich.

Dann kam die Gegenfrage, was ich mir für ein Gehalt vorstellen würde. Na, da kam erst Gelächter auf, also gab's immer nur Stempel der Firmen und keinen Job. Ich war zufrieden. Ich hatte den Willen des AMS-Mitarbeiter befriedigt und habe mir Sklavenarbeit erspart. Komischerweise war der Beamte bei unserem Treffen „not amused“, man kann einem Beamten halt nix recht machen. Aber er bemühte sich, meine Zweifel an den Jobs zu verstehen und versuchte es mal anders. „Was wollen Sie eigentlich zukünftig beruflich machen?“

„Ich denke, es sollte etwas sein, wo ich nicht viel machen muss, aber dafür reichlich Kohle rankarre!“

„So was gibt‘s nicht!“, sagte er und wies mich mal auf meine Schulausbildung hin. Ich zeigte Unverständnis, was will er denn? In meiner Schulzeit kam niemand zu Schaden, also hat es schon gepasst. Nach fast einer Stunde gab er endlich auf und entließ mich wieder in die freie Wildbahn ohne neue Betriebsvorschläge und mit dem Wunsch, dass ich ihn nicht mehr so bald wieder besuchen würde. Diesen Wunsch erfüllte ich ihm und zog so nach drei Monaten in den Krieg.

Das Land braucht mich

Kein Job, kein Geld, die besten Voraussetzungen, um sich die Kugel zu geben. Doch nicht mit mir! Was sollte ich tun? Keiner gibt dir einen Job, wenn du noch nicht fürs Vaterland im Dreck lagst. Gutes Rat war damals schon teuer, also nahm ich den schlechteren billigeren und bewegte meinen Astralkörper Richtung St. Pölten in die Wehrmachtszentrale, um vorstellig zu werden. Dort angekommen wurde ich gleich zum zuständigen General Feldmarschall vorgelassen, denn ich spürte, dass es Zeit war, mich für's Vaterland zu opfern. Nach eingehender Befragung durch den Oberst bezüglich meiner Qualifikationen wurde schnell klar, welche Aufgaben für mich bestimmt waren, doch Mon General fragte mich anstandshalber, wo ich gerne dienen würde.

„Mir wurscht", sagte ich „Hauptsache, es gibt a bissl a Kohle und i habs so schnell wie möglich hinter mir!"

Er dachte nach, durchsuchte seinen Schreibtisch, grübelte und sagte: „Also, es kommen für den nächstmöglichen Termin nur zwei Kasernen für Sie in Frage, zum einen Amstetten und zum anderen Kaisersteinbruch/Bruckneudorf, wo wollen Sie hin?"

Ich zuckte mit den Schultern und sagte: „Mir egal, wichtig ist, ich komm schnell mal irgendwo unter!"

Er sah mich an und grinste: „Ok, Bruckneudorf passt bestimmt!"

Bis zu dieser Zeit wusste ich nicht mal, wo Bruckneudorf lag, war mir aber auch egal, Hauptsache, den Dienst beim Bund abreißen können.

„Eine letzte Frage hätt ich da noch, zu welchem Trupp wollen Sie, Fernmelder oder Jäger?“

Ich hatte ja keine Ahnung, was mir da zusagen würde, also weiterhin meine Antwort: „Is ma wurscht!“

Er musterte mich vom Scheitel bis zur Sohle.

„OK“, sagte der gütige Feldmarschall. „Ich denke, für Sie kommt nur eins in Frage, *Jäger* in Bruckneudorf Kaisersteinbruch!“

Für mich war es in Ordnung, Hauptsache, ich bring's so schnell als möglich hinter mich. Zufrieden verabschiedete ich mich von meinem Feldwebel.

Nur kurze Zeit später bekam ich auch schon meine Einberufung. Zuerst hielt ich die Einberufung wieder mal für einen der gelungenen Witze unseres Staates. Den der Einberufungstag war der 01. April. Ich wette die wollen mich verarschen und wenn ich vor der Kaserne stehe, lachen sie sich krumm und sagen: „Ätschibääätsch, 01 April!!!“ und ich kann wieder nach Hause fahren. Doch diesem war nicht so, schon bei uns am Bahnhof traf ich einen schwer bepackten Vaterlandsbefreier. Im Zug selber fanden wir beide dann noch mehr Gleichgesinnte. Nun waren meine Bedenken wegen Fakenews total zerstreut.

Die Zugfahrt war ein Erlebnis, allein zwischen Amstetten und Wien Westbahnhof hatten wir schon zwei Ausfälle zu beklagen. Keine Zugausfälle, sondern Ausfälle der neuen Rekruten. Naja, wenn die Ausfallrate so bleibt, würde ich wohl Ende September alleine abrüsten. Bis zum Bahnhof Bruck hatte sich aber Gott sei Dank die Truppe wieder einigermaßen gefangen. Schon am Bahnhof wurden wir freudig von niemandem empfangen und konnten unsere schweren Taschen selber den weiten Weg in die Kaserne schleppen. Dort angekommen gingen alle zu ihren zugeteilten Bauten. Als ich zu meinem kam, dachte ich, ich sei nun endlich im Irrenhaus angekommen. Grüne Männchen in ihren Trainingsanzügen rannten planlos umher, befeuert von trommelfellzerreißendem Geschrei, auch von grünen Männchen, aber in Uniform.

Ich stand nun da im Eingangsbereich mit offenem Mund, mit beiden schweren Taschen in der Hand und entsetzten Blickes. Plötzlich wurde ich von einem netten grünen Männchen begrüßt: „Na du Stück Scheiße, warum kommst du jetzt erst an? Hat dir Mama wieder zu spät deine Sachen gepackt oder hat dein dämliches Gehirn vergessen, wo du dich melden solltest?“

Noch bevor ich etwas sagen konnte, nahm mir der nette Herr meinen Einberufungsbefehl ab und schrie mich mit ungewohnten Worten in den ersten Stock hoch und direkt in ein Zimmer mit sechs Stockbetten. „Such dir ein scheiß Bett und einen scheiß Spind, leg dein Klumpert rein und dann bist in dreißig Sekunden in der Wäschekammer und besorgst dir mal gute Kleidung!“

Mann, war der nett … wenn das so weiter geht fahr ich heut noch nach Haus!

Der Sinn der Wehrmacht

Wahnsinn, wie die Zeit vergeht, jetzt war ich schon drei Stunden von insgesamt 187 Tagen da und hatte schon viele interessante Dinge gesehen.

Als ich endlich mit einem modischen grünen Trainingsanzug aus der Wäschekammer zurückkam, sah ich gerade, wie ein Neuer unbegründet von einem Ausbilder angeschrien wurde, nur weil der Haare bis fast an den halben Rücken hatte. Der Ausbilder erklärte ihm, dass dieser Haarschnitt hier nicht so zeitgemäß wäre und er die Haare auf die modischen 1,5 cm zurückschneiden lassen solle. Er würde am nächsten Morgen nochmal erscheinen, um die Durchführung zu prüfen. Am nächsten Morgen war der Skalp des Rekruten immer noch in voller Pracht, dafür hatte er zwei Begleiter bekommen mit einer komischen Armbinde, wo MP draufstand. Der Rekrut dachte, dass es besser wäre, er fährt wieder nach Hause, da sich Bund und Skalp scheinbar nicht vereinbaren ließen und er lieber auf das Unnötige verzichtet. Das sahen die beiden Herren leider ganz anders. Sie holten ihn von zu Hause ab und besorgten ihm liebenswürdigerweise auch gleich einen Friseurtermin, den er im Anschluss ans Wiedersehen hatte. Mann, was für ein Luxus, der bekam einen Friseur in die Kaserne bestellt, extra für ihn, Mann, war das ein Luxus. Eine halbe Stunde später erblickte ich einen ziemlich angeglatzten, angefressenen und den Tränen nahen Rekruten. Naja, war wohl doch nicht so gut, der Privatfriseur. Ein anderer Kollege, der scheinbar etwas dienstfreudiger war und dessen Haare auch etwas zu lang waren, machte sich selbst bei seinem Friseur seines Vertrauens, nämlich sich selbst, einen Termin aus. Am nächsten Morgen tanzte er mit seinem neuen Haarschnitt bei der Standeskontrolle an. Komischerweise war auch bei diesem Haarschnitt unser Kompaniekommandant nicht sehr amüsiert. Die Haare waren nicht etwa zu lang, nein, sie waren ganz weg, denn der sehr pflichtbewusste Kamerad hatte sich eine Glatze rasiert und, weil's gut aussieht, auch noch glänzend poliert. Witzigerweise bekam auch der pflichtbewusste Rekrut eine Bestrafung, weil eine Glatze laut Heereschef Verhöhnung des modischen Rekruten sein würde.

Am selben Tag wurde es in unserem Bau langsam etwas ruhiger und entspannter, als ich einen süßlichen Duft in der Nase hatte, nein, es war kein Gras, es war der Geruch von Räucherstäbchen und gleich darauf hörte ich auch kleine Glöckchen schellen. Ich konnte mir nicht erklären, was das wieder sollte, waren das vielleicht neuartige Waffen gegen die Vaterlandsfeinde?

Wieder falsch geraten. Aus einem Zimmer in einem Nebenarm der Aula traten vier Ausbilder heraus und inmitten deren ging ein Harakrishnamönch mit Glatze und einem Haarschwänzchen am Hinterkopf, eingehüllt in gelber und rosa Seide. In der einen Hand hielt er ein Gebetsbuch und Räucherstäbchen und in der anderen so kleine Glöckchen wie in der Kirche bei der Umwandlung.

Na, das war ein Gelächter von allen Anwesenden, denn die hatten so einen noch nie gesehen. Keiner wusste, was mit diesem Rekruten geschehen sollte, denn er verweigerte unsere Uniform und hatte eigentlich, außer gebetet, nix gemacht. Er war mal kurz bei der Hundestaffel, hatten wir erfahren und nach einer Woche durfte er dann aber auch schon wieder abrüsten. Ein Jahr später, so habe ich von einem Wiener Kameraden erfahren, hatte der Mönch nach seinem Abrüsten Kutte gegen lange Haare, Jeans und Springerstiefel getauscht. Wahnsinn, was sich die Jungs so alles einfallen lassen haben, um sich vom Dienst an der Waffe drücken zu können.

Also, ich sehe den Sinn der Sache darin, dass die Menschen, die eine Uniform tragen, offenbar etwas anderes wollen als jene, die eine Uniform kriegen sollten. Es ist so wie im wirklichen Leben zwischen Mann und Frau: Eine Frau will meist auch etwas anderes als der Mann. Ist der Mann nicht Meinung der Frau, wird er auch meist schwer bestraft … was nicht heißt, dass es immer schlimm sein muss.

Die Ausbildung zum Tier

Der Grundwehrdienst ist so eine eigene Geschichte: Entweder man wehrt sich gegen Ausbildner und deren Strategie und es werden harte Zeiten oder man macht es wie ich, Gehirn an der Wache abgeben, dank Kino und Fernsehen selbst zur Kriegsmaschine werden und das Beste aus der Zeit im Militärdienst machen. Immer voller Einsatz und manchmal noch mehr macht die Geschichte interessanter, kurzweiliger und man bekommt auch manchmal Lob und Anerkennung der Ausbilder. Das wichtigste daran: so schnell und unbeschadet wie möglich den Militärdienst hinter sich zu bringen.

Am Anfang ist es wie bei allem Neuen. Mal angewöhnen, reinschnuppern und eruieren, worum es hier geht. Der Anfang ist immer geil für untrainierte. Nach einem kleinen Auslauf zur Erkundung des firmeneigenen Geländes so um die 10 km und den anschließenden Erklärungen der täglichen Körperertüchtigungsübungen im Anschauungsunterricht in Selbstanwendung und dem netten Gebrüll der Übungsleiter liegen so nach zweieinhalb Stunden viele bereits im Koma. Mir war's egal, ich war ja von Haus aus schon gut trainiert. Unsere netten Ausbilder versuchten immer alle an ihre Höchstgrenzen und darüber hinaus zu bringen. Es klappte nicht bei jedem, wir hatten einen genialen Rekruten aus Melk, der nichts für harte Ausbildung übrighatte. Er war ab dem ersten Tag bereits von allem Erdenklichen befreit. Sportbefreit, marschbefreit, gepäckbefreit, helmbefreit und was sonst noch alles. Ja, ein sehr kreatives Bürschchen, was ihm aber auch zum Verhängnis wurde, dazu aber später mehr. Inzwischen wurde er in der

Kaserne nur als Reinigungskraft eingesetzt, wo er versuchte, einen Besen festzuhalten, damit ihm dieser nicht abhauen würde. Sobald wir anderen alle aus dem Bau verschwanden, machte er sich daran, seinen Haushalt im Schlafe zu erledigen, und machte mal ein Nickerchen, bis wir wieder einrückten. Diesen Tagesablauf hatte er so ziemlich jeden Tag.

Das kämpfende Volk hingegen mühte sich ab, ihre durch Gottes Gnaden eingesetzten Ausbilder mit vorbildlichem Einsatz zu beeindrucken. Nach den ersten Tagen, wo wir meist die Gegend mit allen Sehenswürdigkeiten erkundeten, war es nun so weit.

Wir bekamen endlich unsere Knarren, endlich war unser Rambooutfit perfekt. Wir sahen uns schon mit Buschmesser zwischen den Zähnen und Sturmgewehr im Anschlag durch den dichten Dschungel des Burgenlandes streifen. Nönö, so weit war‘s noch nicht. Unser mon Corporal suchte für uns ein lauschiges Plätzchen, wo wir dann den ganzen Tag unsere Knarre zerlegten, die Einzelteile benennen mussten, dabei ein lustiges Sprüchlein aufsagen durften und natürlich unsere Soldatenbraut (Knarre) auch wieder funktionstüchtig zusammenbauen sollten. Wenn’s mal nicht so aussah und nicht funktionierte, wurde derjenige Meisterschüler sofort zur Sau gemacht und zu körperlicher Ertüchtigung gebeten, was natürlich von heftiger Anfeuerung des Ausbilders begleitet wurde (möchte ich hier nicht weiter erläutern, diese Zeilen sollten ja auch für Kinder geeignet sein). Während sich der Abschaum von Unwissenden mit der Körperertüchtigung abmühte, hatten wir Minirambos unseren Spaß, der natürlich auch gleich vom Chef geahndet wurde, bevor wir auch gleich mal auf 20

Liegestütze umfallen durften. Dabei bekam ich auch gleich mit, dass Ausbilder sehr emotional auf ernst gemeinte Anfragen reagieren. „Herr Korporal! Wie soll ich die Liegestütze den anlegen?“, war meine Frage.

Der Ausbilder starrte mich fragend an: „Wie meinen Sie das?“

Ich erwiderte: „Soll ich sie auf der rechten oder auf der linken Hand machen?“

„Mir egal!“, schrie der Chef mit leicht gereizter Stimme.

Also fand ich einen Kompromiss und machte zehn links und danach zehn rechts. Ich erhob mich danach vom Boden, rieb mir den Schmutz von den Innenflächen meiner Hände und ging grinsend wieder an meinen Platz. Mein Freude wurde leider von meinem Ausbilder bemerkt und natürlich sofort wieder geahndet. „Rauskommen und umfallen auf 30, wenn alles so lustig ist!“, hieß es nur kurz und sein Gesicht errötete etwas, als er meine neuerliche Anfrage vernahm: „Und wie hätten Sie‘s diesmal gerne?“, erwiderte ich mit einem verschmitztem Lächeln. Schon etwas gereizt knurrte er, dass es ihm egal sei. Also gab‘s diesmal fünfzehn links und fünfzehn rechts. Kurz gesagt steigerte sich die Geschichte bis fünfzig, dann sah er endlich, dass es bei mir zwecklos war, und gab schlussendlich auf. Ab diesem Zeitpunkt hatte ich einen goldenen A... Popo beim Ausbilder und ich konnte tun und lassen, was ich wollte. Es hat eben doch einen Sinn, wenn man sich nicht brechen lässt und alles mit Humor nimmt.

Als wir endlich nach drei Tagen sogar mit verbundenen Augen unsere Braut, meine hieß „Little Lady“, zerlegen und wieder zusammenbauen konnten, kamen wir mal zu Schritt zwei der Ausbildung. Wenn unsere Little Lady mal aus welchen Gründen auch immer nicht funktionstüchtig wäre, mussten wir uns ja auch irgendwie verteidigen können. Also hieß das nächste Kapitel Nahkampfausbildung.

Tja, wie es scheint, war in der Armee die Straßenverteidigung, also bei Angriff eines Gegners der Tritt in dessen Sack, nicht so wirklich erwünscht. Es wurden uns Szenarien erklärt, wie man sich gegen Angriffe wie zum Beispiel von hinten, mit einem Messer oder mit einem Heeresspaten wehren könnte. Anmerkung von mir: Wer auf Gottes Erden hat schon einen Spaten mit bei einer heftigen Schießerei? *grins*. Aber egal, es war endlich mal eine geile Ausbildung. Wir gaben alle unser bestes und übertrieben natürlich für's Publikum unsere Schulterwürfe und unterstrichen auch all unsere anderen Verteidigungstaktiken mit lautem Gebrüll.

Unser Engagement erfreute natürlich unseren Boss und er kam nicht drum rum, uns endlich auch mal zu belobigen, was unsere Schmerzen etwas erträglicher machte. Irgendwie sah man uns am nächsten Tag den übertriebenen Kampfeinsatz an, denn da hatten wir die Sanitätsausbildung. Endlich lernten wir auch, wie man jemanden einwickeln musste, um gut auszusehen. Manche sahen aus, als ob ihnen alles abgeschossen und mit Mullbinde wieder drangebunden wurde. War echt ein Spaß. Sogar, als wir mit unserem Regenschutz eine Tragbahre bauten und dann einige damit in die Kaserne tragen durften. Gott sei Dank war es an diesem Tag nicht so heiß, das Schneegestöber an diesem Tag tat richtig gut.

Nach den ersten zwei Wochen rumorte es dann schon im gemeinen Fußvolk. Nach schier endlosen Ausbildungen für Körperertüchtigung, der richtigen Abwehr von bösen Buben und Errichten einer optimalen Verbindung bei Verletzungen wollten so ziemlich alle schon ihre Braut an die Hüfte drücken und scharf schießen. Endlich war‘s dann so weit und es hieß Kampfanzug an, auf den Lkw rauf und ab an den Schießstand zur Verfeinerung der Einstellung der Little Lady und natürlich auch zur Überprüfung der Blindheit mancher Rekruten.

Natürlich war es langweilig zu warten, bis man am Schießstand endlich an die Reihe kam. Doch als ich endlich dran war, war ich sichtlich freudig aufgeregt. Von einem netten Vizeleutnant bekam ich meine Munition, dann durfte ich mich auf ein hölzernes Bettchen legen. Mir wurde nochmals meine Braut erklärt, wie wenn ich nicht wüsste, wie man ein Mädl behandelt. Danach durfte ich mein Magazin anstecken und nach Freigabe meinen ersten Schuss abgeben. Ich sah durchs Zielfernrohr und drückte ruhig ab. Naja, etwas links. Der Ausbilder am Stand justierte mein Zielfernrohr etwas und der nächste Schuss war voll im Schwarzen. Mann, war ich stolz. Als mein Lehrmeister fand, dass alles passte, konnte ich mein gemütliches Bettchen verlassen und durfte wenig später mit meinen Kollegen Kanonenfutter spielen.

Wir wurden in kleinen Gruppe an der Seite der Schießanlage vorbeigelotst und mussten vor den Schießscheiben tief gedeckt vorbeirobben, während unsere anderen Kollegen auf die Scheiben schossen. Mann, da pfiffen die Kugeln über uns drüber, da hast du gerne deinen Arsch eingezogen, um nicht getroffen zu werden. Gott sei Dank war zwischen uns und unseren ballernden Kollegen ein etwas erhöhter Erdhügel, der uns schützte. Als wir wieder aus der Gefahrenzone kamen, stellten wir fest, dass es immer besser wäre, hinter einer Waffe zu sein als davor.

Das Leben der Waffenbrüder

Endlich war der Moment gekommen, die Grundausbildung war zu Ende. Von nun an wurde alles anders. Die Ausbilder wurden lockerer und umgänglicher, mussten sie ja auch, denn sie bildeten uns zu Tieren aus und ich denke, sie wussten, was passieren würde, wenn sie etwas machten. was die Menge nicht begeistern täte.

Nun war die Zeit gekommen, wo jeder der Rekruten seiner gottgegebenen Bestimmung folgte, wo er hingehörte. Die eher nicht so kampferprobten wurden Kraftfahrer, unsere quatschenden Waschweiber wurden Fernmelder, die Adleraugen wurden Scharfschützen, unser von allem befreiter Soldat wurde und blieb Besenschwinger. Der Rest, denen ich angehörte, wurden Allrounder, die für den Kampfeinsatz weitergeschult wurden. Wir waren ein eingeschworener Haufen, der aus unserem Lieblingskorporal und acht kampferprobten Kriegern bestand. Alle waren wir geil auf Kampf, Matsch, Entbehrungen und einen gestählten Körper. Also hatten wir als Jägertrupp viel „Leben im Felde“, denn Zivilisation war nix für Kampfschweine. Schon beim Morgensport wurden wir in die Botanik gescheucht. Unter dem Namen Laufausflug rannten wir scharfen Schrittes durchs Unterholz, jede Woche, tagelang. 156 Tage bei jedem Wetter und in jedem Zustand spulten wir unsere 10 bis 15 km wie aufgezogen ab, danach ab auf den Fußballplatz und noch unsere täglichen 12 bis zu 30 Wiederholungen. Ach, wir liebten unseren Morgensport. Kaum vorstellbar, dass viele von uns zu Beginn der Ausbildung schon nach einem Kilometer kotzen mussten. Jetzt wurde sogar ein lustiges Liedchen dabei geträllert und kaum einer machte den Eindruck, schlapp zu machen. Ja wir waren schon echte Maschinen geworden.

Eine süße Erfindung unseres Übungsleiters war der sogenannte „Satellit“. Mit diesem Spielchen wurden die bestraft oder gefördert, man kann es sehen, wie man will, die, die Schnauze im Lauf nicht halten konnten. Für alle, die dies nicht kennen: Die Mannschaft läuft normalen Schritts weiter und der Satellit umkreist den Haufen und versucht nicht abzukacken.

Manchmal wäre hier ein Sauerstoffzelt schon eine gute Idee gewesen. Nach dem Morgensport wurde endlich Kampfanzug getragen und es ging ins Felde.

Meist wurde uns gelehrt, wie man sich, ohne gesehen zu werden, am Boden dahinbewegt. Egal, ob Sand, Schlamm oder, wie wir es im Sommer öfter hatten, im abgestandenen und fauligen Wasser unserer Schützengräben. Da hattest du viel Gegenverkehr von Fröschen und anderem Getier. Das Highlight war das Durchqueren des fauligen stinkenden Wassers mit der Atemschutzmaske, Regenschutz, Handschuhen und Helm bei 30 Grad im Schatten. Du konntest dich nicht nur im eigenen Schweiße baden, du konntest auch fast abnippeln dabei, weil du fast erstickst, wenn der Filter der Maske in der Brühe eintauchte und du kaum mehr Luft bekamst. Das machte Stimmung unter den Gesellen und meist, als die Laune der Krieger dann schon eher angespannt war, durften wir auf die Schießanlage.

Der Grabenkampf

Eines schönen Tages wurden wir in den Ersten Weltkrieg versetzt und durften mal den Grabenkampf probieren. Wir durften alle einzeln mal ran und damit wir auch alles richtig machten, bekamen wir einen Ausbilder zur Seite gestellt, der hinter uns herrannte. Das alles mit scharfer Munition, das gab dem ganzen noch einen gewissen Kick.

Als endlich ich an die Reihe kam, konnte ich meine Freude kaum mehr im Zaun halten. Ich holte meine Munition ab und machte mich mit meinem Schatten im Nacken an den Start. Zuerst wurde in Bauchlage in 200 Meter Entfernung auf Scheiben geschossen, danach sprang ich rein in den Schützengraben, der Ausbilder hinterher und schon ging es an die erste Kurve, wo man ja ganz in Deckung mal ums Eck spähen musste, ob auch kein Feind auf dich zukommt. Ich, der seine Kampfausbildung bei Silvester Stallone absolvierte, konnte mich zum Leidwesen meines Ausbilders schon sehr gut im Graben bewegen. Denn als ich um die Ecke spähte, nahm ich meine Knarre an die Brust und hielt dabei natürlich unabsichtlich den Lauf mit der scharfen Munition nach hinten, genau ins Gesicht des mir folgenden Ausbilders. Sein Blick war geschockt, seine Gesichtsfarbe fiel ins Leichentuchweiß, aber er konnte zu diesem Zeitpunkt noch kein klares Wort artikulieren.

Ich absolvierte meine Übung bis zum Ende und knallte zuerst mit dem Parohr mitten ins Ziel und danach warf ich noch die Handgranate in den feindlichen Unterstand. Zufrieden sicherte ich noch mein Sturmgewehr und wollte wieder zurück zum Start, als plötzlich mein Ausbilder vor mir stand und mit hochrotem Kopf endlich die passenden

Worte fand und mich total zur Sau machte. Ich ließ ihn, weil ich ja eine gute Kinderstube hatte, fertig referieren. Als er dann endlich seine letzten Todesängste erklärt hatte, antwortete ich mit einem sanften Grinsen: „Naja, wir haben Krieg und da sieht man dem Tod öfter mal in die Augen!“

Während ich mich von ihm abwandte spürte ich richtig, dass er noch etwas sagen wollte, aber momentan schwer nach Luft rang. Zufrieden mit mir selbst hörte ich des Ausbilders Worte nicht mehr, legte mich in den Schatten und zog mal eine genüssliche Camel durch.

Der Ausflug in den Klettergarten

Wenn man es genau nimmt ist ja das Berufsbild eines Jägers beim Heer sehr interessant und abwechslungsreich. Du quälst dich nicht nur bei der Körperertüchtigung am Morgen, frohlockst am Tag auf der Schießanlage, exerzierst und singst durch die Kaserne und machst auch die Ausbildung zum Alpinisten. So machten wir auch mal etwas Knöpferlkunde zur Vorbereitung auf einen Wandertag auf den Berg. Wir waren alle schon sehr aufgeregt, weil es mal was Neues war, denn wie alle wissen, ist das Burgenland ja nicht wirklich berühmt für seine Berge. Das einzige, wo man sich hier anseilen musste, war, wenn man nach einigen Vierterln vom Heurigen nach Hause wankte oder wenn man mal wieder von der Disco in Mönchhof wegen des Zapfenstreichs zu schnell in die Kaserne fuhr, mussten wir uns so schnell als möglich vor den Bullen, die uns verfolgten, abseilen.

Wir hatten in unserem Zimmer einen Wiener Rekruten mit Tiroler Wurzeln. Während wir in der Kaserne unsere Knöpfe perfektionierten erzählte er uns immer Geschichten aus seinem Bergsteigerleben, für die er immer riesige Bewunderung erntete. Natürlich wollten wir nun auch bald mal auf einen Berg und als endlich unser selbst gebautes Geschirr bergtauglich war, wurden wir eines Tages auf den Diesel verladen und fuhren zur „hohen Wand“ in den Klettergarten. Nach so eineinhalb Stunden LKW-Fahrt und noch einer kleinen halbstündigen Wanderung zum Klettergarten kamen wir endlich zum Ausgangspunkt unserer Kletterei.

Wir setzten unseren Stahlpeppal auf, montierten unser Klettergeschirr und verfolgten unseren Bergführer. Schon nach einigen Metern wurde es immer steiler und wir waren froh, dass wir angeseilt waren. Als wir so hochkletterten, stach mir ab und an etwas Blasses ins Auge, es war das Gesicht unseres bergerprobten Tirolwieners, der ja nach eigenen Angaben schon einige Gipfel bezwungen haben sollte. Ich sah es ihm an, dass er sich sichtlich nicht sehr wohlfühlte. Er wird wohl noch etwas Nachwehen vom gestrigen Heurigenbesuch haben, dachte ich. Meine Gedanken waren nur kurz bei ihm, sollte mich ja etwas aufs Klettern konzentrieren, war ja nicht so ohne, diese Route.

Oben angekommen mussten wir noch einen horizontalen Grat überwinden, bis wir an eine Stelle kamen, wo zwei Seile in den Abgrund hingen und an jedem ein Ausbilder stand, der bei allen Abseilenden nochmal die Sicherung kontrollierte. Einer nach dem anderen schwang sich auf ein Seil und ließ sich mehr oder weniger glücklich in den Abgrund hinab. Ich war schon fast an der Anseilstelle, als ich am zweiten Seil etwas weiter vor mir unseren Tiroler Hochalpinisten sah, der immer mehr an Farbe verlor.

Der dortige Ausbilder, ein Tier aus den Reihen der Rancher, einer Spezialtiereinheit, montierte den Karabiner am Geschirr des Tirolers und gab ihm zum Abseilen frei. Mein Kollege ließ sich bibbernd ein Stück nach unten gleiten und so ungefähr nach drei bis vier Metern verkrampfte er sich am Seil, bekam die totale Panik und traute sich nicht mehr weiter. Der Ausbilder erkundigte sich bei ihm mit beruhigender Stimme, was dieser denn für ein Problem habe. Das wieder Heraufklettern sprach Bände. Unser Hochalpinist hatte vollen Schiss vom Abseilen, aber nicht mit unserem Rancher! Dieser schnappte sich das zweite Seil daneben, kletterte ungesichert zum Tiroler runter und vermittelte ihm guten Zuspruch: „Hey, du Stück Scheiße, hast du lange Eier oder warum geht's nicht weiter, du feiger Sack?“ Er trat zärtlich mit dem Bein auf den vor Angst zitternden Rekruten, der nun endlich merkte, dass es besser ist wenn er sich weiter abseilen würde, denn hinauf würde ihn der Ausbilder nicht mehr lassen. So inmitten des Abhangs hielten beide mal inne und der Ausbilder fragte den Rekruten um eine Kippe. Schon etwas ruhiger rauchten beide mal eine Zigarette und hielten ein kurzes Schwätzchen. Nach dem Ausrauchen ging's endlich weiter und unter dem Anfeuerungsgebrüll des Ausbilders schaffte es unser Tiroler bis nach unten. Zur Belohnung durfte es dieser noch einmal rauf und wieder runter probieren. Diesmal ohne Anfeuerung seines neuen Freundes.

Endlich war auch ich alter Fernsehkrieger an der Reihe. Ich schnalle mich an und dann ging es ab. Entgegen der Empfehlungen unserer Gelehrten rutsche ich und hangelte mich nicht hinunter, wäre doch uncool! Da war ich der Falsche dafür. Bei der ersten Bremsung mit meinen bloßen Händen am Seil, wo mir die halbe Haut weggebrannt wurde, bemerkte ich, dass es besser gewesen wäre mich runterzuhangeln.

Als ich danach auch noch unterhalb des Überhangs mit meinem Kopf gegen den Felsen knallte, weil mein Fuß in eine Felsspalte ragte und keinen Widerstand fand, hatte ich für's erste mal genug von Rambos Tipps, wie man sich cool am Berg bewegt. Unten am festen Boden angekommen musste mir ein Sanitäter mal meine Haut der Handflächen suchen helfen und wieder antackern.

Meine Schmerzen waren aber bald Vergangenheit, als unser Lieblingstiroler zum zweiten Mal am Boden ankam. Armer Mann, der war bis zum Abrüsten dem Spott ausgesetzt. Aber ein Gutes hatte dieser Tag. Es riss bis zum Abrüsten niemand mehr das Maul so weit auf.

Der Berg ruft

Offenbar kamen unsere Ausbilder auf den Geschmack. An einem heißen Sommertag ging unser nächster Wandertag auf den Berg. Die Rax rief und wir tanzten an. Sehr früh am Morgen packten wir unseren Wanderrucksack mit allem, was wir unser Eigen nannten. Sogar unser Winteroutfit durfte mit. Zusätzlich hatten wir auch alle unsere Bräute mit, dürfte wohl Hochzeitsreise angesagt sein. Und wenn ich sage, alle Bräute, dann mein ich auch alle! Es kam alles an die Luft, was wir so hatten, Sturmgewehr, Pistole, MG, Lafette, PAK, sämtliche Gurtkästen Patronentaschen und alles, was man so als Jäger mitschleppt. Es könnte uns ja ein Angriff der Weidetiere bevorstehen, da sollte man sich ja wehren können.

Alles wurde verladen und schon ging die lustige Fahrt los. Zwei Stunden später waren wir schon im Dschungel oder, wie wir Einheimischen sagen würden, am Arsch der Welt. Am Ende eines Weges durften wir absatteln und die Weiterreise zu Fuß antreten. Vor uns türmte sich ein riesiges Ding von grüner Wand auf und erste Bedenken der Truppe kamen zum Vorschein. „Ich denke, unser Wasservorrat ist für diesen Hügel etwas zu niedrig angesetzt!“

„Nicht so schlimm“, meinte ein Ausbilder, „oben gibt es ja Wasser zum Nachfüllen.“

Dein Wort in Gottes Ohr, dachte ich und trottete vollbepackt hinter meinen Kollegen her. Es verging Stunde um Stunde, die Hitze wurde schon etwas unerträglich und ein erster unserer Mannschaft knickte weg. Wenn man raten musste, wer der erste war, der hernieder ging, man würde es nicht erraten. Einer der liebenswürdigsten Menschen, der uns in der Grundausbildung geschliffen und gemartert hatte, einer, der den Rambo mit Löffeln gefressen hatte, lag nun röchelnd am Boden und war fast am sterben obwohl er nur einen Bruchteil unseres Gepäcks beim Zug über die Alpen trug. Weil uns ja Teamgeist und Kameradschaft eingebläut wurde, nahmen einige Krieger Teile seines Gepäcks und trugen es für ihn den Berg hoch. Er hingegen keuchte ohne irgendwas an Last hinter uns nach. Früher hätten sie wohl so eine Lusche abgeknallt und liegen gelassen.

Wir folgten dem Pfad Hannibals schon etwas fertig und plötzlich wurde die Sicht in den Himmel größer.

Anscheinend sind wir bald am Gipfel, dachten wir, und da gibt's Wasser. Also wurde alles an Wasser ausgetrunken und mit freudiger Stimmung bewegte sich unser Haufen immer schneller den Berg hinauf – endlich oben.

Ja, wie man sich irren kann! Als wir die letzten Schritte zum vermeintlichen Gipfel beschritten, sahen wir, oh Graus, es war eine Hochebene und es waren mindestens erst zwei Drittel des Berges geschafft. Na da ging ein Raunen durchs Fußvolk. Enttäuschung machte sich breit und das blöde Grinsen der Ausbilder, die ja wussten, dass wir noch ein gehöriges Stück vor uns hatten, machte den Frust der Meute nicht wirklich kleiner.

Weil es ja schon etwas dunkel wurde, bekamen wir dann den Befehl zu Biwakieren. Ein schöner ruhiger Platz zum Campen war es ja und die Erde war auch schön weich, hier würde man sich bestimmt nicht plagen, um ein Grab für die Ausbilder auszuheben, die ja immer noch schadenfroh grinsten und sich mit Getränken aus ihren Rucksäcken bedienten. Die bösen Buben hatten nämlich nicht viel ihrer

Ausrüstung dabei, nein, sie hatten sich eine Extraration an Getränken eingepackt. Es wurde Nacht und langsam verstummte auch das letzte Gemurre. Durstig schliefen alle ein und hofften, dass der Aufstieg am nächsten Morgen nicht mehr so heftig werden würde.

Auf da Alm do gibt's ka Sünd

Noch vor Sonnenaufgang wurden wir zärtlich mit dem Gebrüll der Ausbilder wachgeküsst. „TAAAAGWAAA-CHEEEEEE", hallte es durchs Gebirge und alle krochen so recht und schlecht aus ihren Schlafsäcken. Ach, was für ein schöner guter Morgen. Kein Wasser für Frühstück und, noch schlimmer, kein Wasser für Schönheitspflege.

„Wenn ihr am Gipfel seid, könnt ihr saufen, so viel ihr wollt! Es gibt dort ein Schutzhaus, da könnt ihr Wasser kaufen, es kostet halt dreißig Schillinge der Liter."

Rein nach Adam Riese berechnet würden wir circa 5 Liter pro Kopf benötigen, um unsere Dehydration aufzuheben. Angesichts der Tatsache, dass wir am Tag 3000 Schillinge Sold verdienten, aber nur 34 davon bekamen, verwarfen wir den Gedanken gleich wieder, 150 Schillinge für Wasser auszugeben. Also mühten wir uns den restlichen Berg hoch mit der Gewissheit, dass wir noch vor dem Gipfel verdursten mussten.

Sogar Gott meinte es mit uns nicht sonderlich gut. An diesem Tag brannte die Sonne hernieder und es war schon den zweiten Tag heiß wie in der Hölle. Da würden auch bestimmt, allein wegen ihrer mörderischen Gedanken, die meisten Rekruten hinkommen. Die meisten wollten gedanklich die Ausbilder schon am nächsten Baum aufknüpfen. Aber es gab dabei nur ein Problem: Wir waren bereits über der Baumgrenze und … kein Baum, kein Erhängen. Als wir endlich den letzten Bergkamm überwunden hatten, lag direkt vor unseren Füßen eine wunderschöne Almwiese, eine Hochebene, so saftig grün und mit vielen Kühen, die sich alle an einem Platz scharrten. Bei genauerem Hinsehen erkannte ein Adlerauge, dass die Kühe sich an einem mit frischem Wasser gefüllten Trog versammelten und ihren Durst stillten.

„WAAAASSSSEEEER!“, schrie das Adlerauge und das Unfassbare trat ein. Alle, und ich meine wirklich alle, auch jene, die kaum mehr einen Schritt vor den anderen setzen konnten begannen plötzlich, auf die Kühe zuzulaufen. Mit voller Montur rannten wir wie um unser Leben. Hintennach unsere Ausbilder, die uns zum geordneten Marschieren ermutigen wollten. Keine Chance, niemand hörte ihre Schreie.

Als wir am Trog ankamen, sprangen zu Anfang die Kühe wild auseinander. Ich denke, die hatten noch nie so einen heranstürmenden Haufen erlebt.

Unser Gepäck flog von unseren Schultern und alle fielen wir vor dem heiligen Trog auf die Knie und tauchten mal den übererhitzten Kopf unter das eiskalte Wasser. Es wurde gemeinschaftlich gesoffen dass der Holzbrunnen, der den Trog laufend befüllte, kaum mehr nachkam, ihn wieder aufzufüllen. Unsere Ausbilder, die nun auch alle ankamen, schrien immer noch: „Nicht trinken, ihr werdet krank von der Brühe!!“ Komisch, war allen egal, sogar als die kurz zuvor noch verschreckten Kühe sich wieder näherten und sich auch wieder am kühlen Nass bedienten. Ein wunderschöner Anblick von hinten, wo sich jeder Tierschützer freuen würde. Eine Kuh, ein Soldat, eine Kuh, ein Soldat, cool, wie sich Mensch und Tier verstehen, wenn’s ums Verdursten geht. Beim Saufen verstehen sich eben alle Kreaturen. Als alle Rekruten erfrischt waren und alle Wassertanks wieder aufgefüllt waren, begann unser weiterer Abstieg. Die Stimmung war wieder ausgezeichnet und der Marsch machte wieder Spaß.

Die dunklen Mächte des Krieges

Endlich kamen wir wieder in die Nähe der Zivilisation, ein niedliches Dörfchen namens Prein lag vor uns. Was wir nicht wussten, war, dass dies laut Ausbilder eine feindliche Siedlung war und wir uns um das Dorf ungesehen herumschleichen mussten. Also machten wir wieder eine großzügige Schleife um die Zivilbevölkerung, bis wir am anderen Ende in einen dichten dunklen Wald kamen. Abends, wo es schon wieder dunkel war, schlugen wir unser Lager auf. Wir mussten zwei Mann Kampfdeckungen mit Sicht auf Prein ausheben und darin in Deckung gehen und beobachten, was der Feind im Dorfe so anstellte. Natürlich wurde es bald mal langweilig, da ja die Menschen in Prein nicht wussten, dass sie uns angreifen sollten. Naja, ich konnte es ja verstehen, dass sie an einem Donnerstagabend besseres vorhaben könnten, als mit uns Krieg zu spielen.

Als es dann so gegen Mitternacht war und den Ausbildern auch langweilig war, wurden ich und sechs andere auserwählt, um die Gegend auszukundschaften. Offenbar war auch ein anderer Trupp Feinde im Walde und wartete, um angegriffen zu werden. Also klärten wir mal die Gegend anstatt hübscher Mädls auf. Wir schlichen durch den dunklen Wald, mit einer Hand am Rückengepäck des Vordermanns, sonst hätten wir uns alle zusammen verloren, so dunkel war es in diesem Wald. Fraglich, warum dieser Wald nicht Dunkelsteinerwald hieß, hier sah man nicht mal das Weiße in den Augen seines Gegenübers. Wir schafften es aber trotzdem, den Feind auszuspionieren, und mit unseren Informationen schlichen wir wieder zurück zu unserer Meute. Nach kurzer Lagebesprechung ging‘s endlich um zwei Uhr Nachts los, um unseren Feind zu vernichten. Wir lotsten unsere Männer durch den dunklen Wald, an einem Bach huschten wir vorbei, bis plötzlich ein ungewöhnliches Geräusch die nächtliche Ruhe störte. Platsch! „Auuuuuuaaaaaaaaaa!!!! Leck mich am A****!“

Bei unserer nächtlichen Erkundung hatten wir übersehen, dass der Bach, an dem wir uns entlang schlichen, circa zwei Meter unter uns verlief, nur getrennt durch eine hohe Mauer, wo nun einer unserer Kampftiger, ich denke, der Finsternis geschuldet, seinen leisen Schritt ins Leere setzte und in den Bach abstürzte.

Komischerweise hatten wir jetzt auch eine Taschenlampe, um zu sehen wie schwer es unseren Kumpel erwischt hatte.

„Knöchelbruch“, wurde murmelnd festgestellt.

Hmm, dachte ich, heißt also zurücklassen und erschießen.

Hieß es nicht, er wurde aus seinem kühlen Grab geborgen und am Straßenrand mit einem Ausbilder zurückgelassen wo ihn dann die Sanis abholten. Inzwischen eilten wir unseren Weg weiter, unhörbar und nicht sichtbar bewegten wir uns auf den Feind zu.

Als wir endlich an den Hügel kamen, wo sich unser Feind verschanzt hatte, war es noch etwas dunkel, es war noch kaum zu erkennen, ob und wer vor einem war. Plötzlich hörte man „Feind in Sicht!“, und es brach die Hölle los. Es knatterten MGs, feuerten Sturmgewehre und Lichtblitze von Handgranaten zuckten durch die morgendliche Dämmerung. Wir stürmten den Hügel hoch und gaben unserem Feind saures. Plötzlich schrie hinter mir einer meiner Leute: „Heeey, du bist ausgefallen, ich hab dich erschossen!“

Toll, weil ich meist einer der schnelleren Angreifer war, kam ich durch Friendly Fire einer Dumpfbacke meiner Einheit ums Leben.

Zuerst war ich noch sauer auf meinen Kollegen, aber als ich durch meinen Tod zu einer Rauchpause kam, war's mir wieder egal und ich genoss den restlichen Krieg mit einer gemütlichen Kippe an der Lippe. Als dann der Krieg wegen Wertlosigkeit abgebrochen wurde und die Lage hoffnungslos war, sammelten wir noch alle unsere Habseligkeiten ein, verließen leicht ermüdet den Kriegsschauplatz und durften endlich wieder in die Kaserne. War ein super Gefühl, endlich wieder mal raus aus dem Kampfdress, schöne kalte Dusche und mal eine halbe Stunde am Topf abkacken. Herrlich, so Kampftage.

Pfingstlager St.Gilgen

Auch vom Kriegerdasein musste mal eine Auszeit genommen werden. Was würde sich dazu besser eignen als ein Wochenendtrip mit Jungs des Motorradclubs. Harry, ein Teilzeitgewerkschafter, hatte die glorreiche Idee auf, das Pfingstlager der Gewerkschaftsjugend in St. Gilgen am Wolfgangsee zuzusteuern.

Es war ein Wochenende mit strahlend blauem Himmel und Temperaturen, die einem Lederfetischisten an den Rande des Schlaganfalles brachten. Bevor ein Biker sein Leder ablegt, stirbt er lieber den Hitzetod. Nach einem gemütlichen Biketrip durch das Seengebiet des Salzkammergutes trafen wir schwerst überhitzt und verschwitzt am Campingplatz am Südufer des Wolfgangsees ein. Unsere Gewerkschafter waren schon am Vortag angereist und wiesen uns zu unseren reservierten Zeltplätzen. Kurze Zeit später waren auch schon die Zelte aufgeschlagen und es wurde mal ein Bad im kühlen See genommen. Am späten Nachmittag wurde komischerweise die Stimmung am Campingplatz etwas gedämpft. Die Bewährungshelfer der Gewerkschaftsjugend kamen mit der Anwesenheit unseres Clubs nicht wirklich zu Rande und waren der Meinung, unbedingt auf die Spaßbremse zu treten.

Also schwangen wir uns auf unsere Bikes und fuhren nach St. Gilgen, um der Eskalation am Campingplatz auszuweichen.

St. Gilgen ist ein wirklich schönes idyllisches Städtchen am Südwestufer des Wolfgangsees. Ein Magnet für Ausflügler und Urlauber, da dürfen natürlich wir Biker auch nicht fehlen. Mitten im Ort parkten wir unsere Öfen und versuchten mal Lokalitäten oder andere Sehenswürdigkeiten zu orten.

Als wir nicht wirklich alle für die gleiche Idee zu begeistern waren, was ja wirklich sehr selten war, stieß mich plötzlich der Ellenbogen vom Kollegen in die Rippen. „Sieh mal, Opi, ich denke, wir sollten etwas Sport betreiben!“ Er grinste schelmisch und zeigte an eine Extremsporteinrichtung des Ortes, dem Minigolfplatz. Ja, wir waren Profis. Zu Haus im Freibad unseres Vertrauens lag auch ein Minigolfplatz, den wir oft für unser Pausen bei den Arschbomben-Competitions nutzten, um bei den Mädels, die da golften, klugzuscheißen.

Also, nach kurzem Checken der Anlage waren wir beide dann auch schon mit einem Schläger bewaffnet und warfen uns an die ersten Bahnen. Komischerweise waren wir an dieser Anlage nicht wirklich weltmeisterlich am Werke und es dauerte nicht lange, bis die ersten Schimpftiraden meine Lippen querten, die sportbegeisterten Anwesenden schüttelten schon unverständlich den Kopf darüber. Ja, die kannten mich noch nicht an diesem Ort. Es dauerte nicht sehr lange und ich denke, man hat mich auch noch am sechs Kilometer entfernten Campingplatz fluchen und zetern gehört. Die sportliche Menge war durch meine feine Wortwahl schon etwas genervt beziehungsweise verstört und es dauerte nicht lange und der Platzbetreiber meldete sich bei mir zu einer Audienz mit den Worten: „Wenn du di ned boid a bissl beruhigst, muss i di leider rausschmeißen!“

Nachdem ich die Audienz mit den besonnenen Worten, „auf deiner gschissenen Bahn wü jo e kana spün, des san de ollendigsten Drecksbahnen de i kenn!“, beendete, sahen wir eine Bahn weiter zwei Mädls, die sich schon halbtot lachten. Als wir dann äußerst grummelig unser Spiel auf Anraten des Platzmanagers abbrachen, verließen wir diesen unheiligen Ort. Wir steckten uns am Parkplatz, angelehnt an unseren Bikes, noch eine Beruhigungstschick an und beratschlagten, was wir jetzt noch anstellen könnten.

Da wir merkten, dass uns dieser Ort nicht liebte, machten wir uns schon fast auf in Richtung Campingplatz, wo wir noch ein paar Beruhigungsbiere schlucken könnten. Noch bevor wir unsere Öfen starteten, kamen die zwei Mädls von eben grinsend auf uns zu. Wir erfuhren, dass beide hier auf Urlaub waren und bis dato hier noch keinen Spaß fanden.

Da ich mich ja am Minigolfparcours so ziemlich ausgetobt hatte, dachten sich die beiden, dass der nun frisch erbrochene Abend sich mit uns ziemlich lustig gestalten würde. Was soll ich sagen, wir wollten nie jemanden enttäuschen. Also, die beiden luden Jürgen und mich ein, mit ihnen etwas um die Häuser zu ziehen. Es wurde dunkel und natürlich war‘s wie zu Hause, wenn’s dunkelt, kommt der Durst und nach einigen Colarot waren wir auch schon wirklich in Stimmung.

Also raus aus dem gewöhnlichen Wirtshaus, rein in einen angesagten Club. War echt ein geiler Schuppen, so was kannten wir bei uns in der ländlichen Einschicht nicht. Keine Sesseln oder Bänke, nein, hier gab es eine Lounge zum Chillen und Entspannen.

Natürlich gab es hier auch gutes Hochprozentiges, dass wir auch gleich mal abschmecken mussten. So, nun, liebe Leser, merket auf: Wenn Mädls so richtig in Stimmung gesoffen sind, haben sie nur Blödsinn im Kopf, also immer obachtig sein. Weil ja nicht laufend Hochstimmung angesagt sein kann und manchmal auch kurze fade Momente aufkommen, fangen Mädls mal an, mit etwas zu spielen. Auch an diesem Abend war es so. Eines der Mädls spielte mit einer Serviette über der Kerze und … schon war‘s geschehen. Die Serviette ging in Flammen auf. Geistesgegenwärtig warf das Mädl die Serviette in den Aschenbecher und das Feuer ging trotzdem nicht aus. Also goss die andere ihren Drink zwecks Löschen über die Flamme. An sich eine gute Idee, außer es handelt sich um Hochprozentiges. Hier gab es mal eine arge Stichflamme, die sich so einen halben Meter in die Höhe schraubte. Ein leiser Anflug von Hilflosigkeit überfiel die beiden. Sie wussten eben nicht, dass an ihrem Tisch ein ausgebildeter Lebensretter saß, der die Sache wortwörtlich in die Hand nahm. Mit beiden Händen erdrückte ich die Flammenmasse, bis nur mehr kleiner Rauch am Tisch zu sehen war. Alle am Tisch sahen mich als Helden, nur ich nicht, ich sah schwarze Hände und verspürte ein leichtes Brennen an den Handflächen. Doch was soll ich sagen? Während die anderen noch immer entgeistert auf den Brandplatz starrten, musste ich wegen aller Blödheit laut lachen und steckte damit auch den restlichen Tisch an. Es war unbeschreiblich, wie es auf unserem Tisch aussah, Feuchtigkeit, Ruß und verkohlte Serviettenteilchen lagen herum, ein richtig schöner Anblick für den Kellner, der komischerweise als Einziger nicht lachte. Dafür empfahl er uns auf eine nette Art, unseren Abend woanders fortzusetzen, und setzte uns vor die Tür. Aber weil es halt noch immer nicht reichte, Schabernack zu treiben, fanden wir sogleich auch vor der Tür die nächsten Opfer. Weil es ja zu Fuß den Ort zu erkunden langweilig war, dachten wir, es wäre besser, dazu dafür ein Fahrzeug zu benutzen. Und hier kommen wir zu den besagten Opfern. Vor dem Eingang der Nachtbar, die im Keller eines Hotels war, standen Doppelsitzerfahrräder mit Überdachung.

Für alle, die keine Vorstellungskraft haben, hier die Beschreibung: zwei Fahrräder nebeneinander, bei beiden konnte man in die Pedale treten aber man hatte statt des Lenkers ein Lenkrad an einer Seite.

Wir liehen uns also mitten in der Nacht zwei dieser wundersamen Gefährte und fuhren damit über die teilweise ausgeleuchteten Spazierwege. Wir hatten dabei wirklich viel Spaß und St. Gilgen konnte das auch wirklich hören. Doch Odin war uns nicht lange wohlgesonnen und baute uns an einer ziemlich abschüssigen Stelle eine neunzig-Grad-Kurve ein. Mit einem Affenzahn kamen wir an diese Stelle und, wie es eben so ist, wenn man besoffene Mädls steuern lässt, trafen wir die Kurve nicht, sondern eine wunderschöne hohe Thujenhecke. Durch den ersten Aufprall bohrte sich unser Gefährt schon tief in den Zaun, was aber noch tiefer wurde, als wir von den anderen Backside gerammt wurden. Wir konnten uns von den Stauden unverletzt befreien, doch unsere Gefährte brachten wir nicht mehr aus dem Gestrüpp, also flüchteten wir zu Fuß unerkannt vom Tatort. Ein Stück entfernt hockten wir uns auf eine schön gemähte Rasenfläche und genossen den langsam erblassenden Sternenhimmel und den wunderschönen Sonnenaufgang. Als wir dann schon etwas ermüdeten, trennten sich unsere Wege. Die Mädls gingen ins Hotel, wir suchten unsere Mopeds und kehrten zu unserem Campingplatz zurück.

Die Sonne stand schon etwas hoch am Horizont, als wir endlich unsere Zelte erreichten. Die ersten unserer Mitbewohner waren schon wach, als wir uns hinlegten. War auch gut so, da wäre mehr Platz für mich im Zelt, dachte ich. Ja, es stimmte schon, aber im Zelt war auch eine unerträgliche Hitze, also schnappte ich meine Luftmatratze und legte mich mit meiner Badehose bekleidet vors Zelt und schlief ein. Irgendwann, ich denke, es war so gegen Mittag, wendete ich mich, weil ich so ein komisches Brennen an Rücken spürte. Ich ignorierte dies und schlief weiter. Als ich dann am schönsten Nachmittag endlich wach wurde, fühlte ich mich irgendwie komisch. Zuerst dachte ich, weil mich alle Umstehenden auslachten, aus welchen Gründen auch immer. Später, bei meinen ersten Bewegungen, erkannte ich den Grund des Gelächters.

Ich war an beiden Seiten knallrot. Klar, ich hatte so einige Stunden in der prallen Sonne gelegen. Mann, war das ein Gefühl. Da half nur St.-Wolfgangs-See zum Kühlen.

Am späten Nachmittag brachen wir dann auf in die Heimat. Ich dachte ich muss sterben, ich fühlte jede Faser und jedes Stück Stoff, das sich scheinbar in meine verbrannte Haut bohrte. Die Heimfahrt war nicht schön, zumal ich auch wusste, dass ich danach auch wieder in die Kaserne einrücken musste. Wir waren spät dran und mussten unsere Mopeds ziemlich heimprügeln, denn ich sollte ja meinen Zug noch erreichen. Natürlich schafften wir es rechtzeitig, aber mit einem kleinen Ausfall, denn Schrattls Yamaha ging kurz vor zu Haus fast in Flammen auf. War ja sehr heiß in diesem Sommer.

Als ich später dann im Zug an die Front saß, spürte ich all meine Sünden auf meiner Haut und fürchtete schon die nächsten Nächte in meinem Bettchen. Ich sollte Recht behalten, unsere Heeresdecken waren so kratzig, dass ich dachte, sie kratzt meine gesamte Haut vom Körper. Aber es war auch drei Nächte lang im Bett sitzend eine neue Erfahrung.

Kampftrinker im Einsatz

Auch in Zeiten der Bundeswehr muss man gut auf die Work Live Balance achten. Wenn dies nicht so richtig stimmig ist, kommt man früh zur Kriegsmüdigkeit. Schon wir Kinder der Heeresgeneration der 80er wussten um die Wichtigkeit dieser Balance. Schon ab den ersten Tagen der Einberufung, wo wir aus der Kaserne raus durften, suchten wir gleich dafür geeignete Lokalitäten für unseren Ausgleich. Gott sei Dank hatten wir ja einen ortsansässigen Scout, der uns in die Bräuche des Lands einführte.

Nahe der Kaserne war ein gemütlicher Heuriger, in dem wir gleich mal die Süffigkeit des Burgenländischen Weines testen konnten. Schon früh erkannten wir, dass diese Weinsorten alle süffig und gut im Abgang waren. Problem: Er war nicht gut im Geradegang. Es war schlimm, kaum hat man drei Liter Wein gesoffen, wussten die Beine schon nicht mehr, dass beide in die selbe Richtung gehen sollten. Des Weiteren wusste der Gleichgewichtssinn im Ohr nicht mehr richtig zu steuern und ließ dich öfter mal hinfallen oder irgendwo dagegenlaufen.

Nun gut, über die Wirkung des Alkohols brauchen wir ja nicht diskutieren, die erwachsenen Leser haben damit bestimmt genug Erfahrung und den Jüngsten sei gesagt: Fangt nix mit übermäßigem Alkohol an, denn, aufgemerkt: Alkohol macht Birne hohl!

Aber nun zurück zum Wesentlichen. Nach kurzer Zeit in der Ausbildung zum Krieger fanden wir auch andere spezielle Orte, die uns den Afterwork-Alltag versüßten.

Es gab zum Beispiel in Mönchhof einen optimalen Checkpoint. Alles, wie wir es uns in der Ausbildungszeit wünschten, unscheinbar, aber doch alles vorhanden, was wir brauchten. Es war eine normale Straße ohne Besonderheiten, so dachte man. Eine etwas abschüssige Einfahrt führte uns in eine Garage, wo Bierzeltgarnituren standen und alles so richtig zum Wohlfühlen eingerichtet war. Wir nannten diese Garage Vorglühladen. Es war ein getarnter Heuriger, ein Mekka für alle Weintrinker, hier gab es alles mit Wein. Cola rot, Cola weiß, pures Weinvergnügen, wo das Vierterl acht Schillinge kostete, das sind heute so um die fünfzig Cent.

Ein Muss für alle, die schnell zum Ende kommen wollten oder zumindest schnell in Stimmung. Hierhin trug es uns ab nun immer, wenn wir in die Disco „Tschakko" wollten, die quasi gleich nebenan thronte. Hier waren wir jeden Donnerstag vertreten, denn Donnerstags war hier „Jackytime", das war ein Aktionstag da kostete ein Glas Cola Whiskey fünfzehn Schillinge (grade mal zwei Euronen in heutiger Währung). Na gut, da waren wir auch Freitags, hier gab's „zahl eins, trink zwei", auch eine Aktion, speziell für minderbemittelte Wehrmänner.

So einen Schuppen hatte ich bis dato auch noch nie gesehen. Von außen sah das Gebäude wie ein Märchenschloss aus. Der Eingang war dagegen eher schlicht, also ohne Zugbrücke, dafür aber mit fetter Leuchtschrift über der Pforte. Einmal eingetreten dachte ich, es wäre eine Wohnhausanlage, denn sowohl links als auch rechts des Vorraumes verlief ein längerer Gang und ich hörte leise Musik, die sich irgendwie nicht zusammengehörig anfühlte. Also stiefelte ich mal mit meinen Mannen den linken Gang entlang, bis wir in einen größeren Raum kamen, der sehr gut besucht war und wo Songs aus der Hitparade gespielt wurden. War ganz nett, aber nicht ganz unser Stil, also machten wir uns auf, zurück zum Eingang, um dann den rechten Gang zu inspizieren. Dieser führte uns in eine etwas kleinere Disco, wo die sogenannten „Faserschmeichler“ aufgelegt wurden. Ist wirklich das richtige Ambiente für Krieger, dachte ich stirnrunzelnd. Während meine Blicke so durchs Publikum wanderten sah ich auf einmal gegenüberliegend einen weiteren Durchgang. Natürlich kam da meine weibliche Seite, die Neugier, zum Vorschein und ich musste sofort eine Erkundung starten. Während wir den Gang hinunterschlenderten, schlich sich ein glückliches Grinsen in mein Gesicht. Ich hörte vertraute Klänge, die, je weiter wir darauf zu kamen, lauter wurden. Auf einmal standen wir in einer dritten Disco, wo endlich mal richtige Musik gespielt wurde. Wir waren endlich in der Hard–Rock- und Heavy-Metal-Abteilung angekommen.

Glücklich über diesen Fund platzierten wir uns gleich in die Nähe eines Lautsprechers und bestellten uns ein Aktionsgetränk Cola Whiskey am Tablett für jeden. Tablett deswegen, weil wir ja nie wussten, wann wieder mal eine Kellnerin Zeit für uns hätte.

Wir genossen die Location und nahmen noch ein Tablett des Motivationssaftes, während wir auch viel Zeit auf der Tanzfläche verbrachten, wo wir botanisch zu den heißesten Scheiben mitrockten. Es war einfach nur geil hier, darum auch unser wöchentlicher Besuch im „Tschacko“.

Gott sei Dank dachten wir auch immer an einen nüchternen Transporteur, denn komischerweise hatten wir nach den Tschako-Besuchen immer Beschwerden mit der eigenen Fortbewegung.

Jobsuche der alten Schule

Ja das Leben ist manchmal wirklich ungerecht und nimmt uns die schönsten Augenblicke. Das bekam auch ich zu spüren. Kaum war ich geeicht im Trunke und hatte auch den Wehrdienst akzeptiert, war es auch schon wieder vorbei. Mit Tränen in den Augen verabschiedete uns der Kasernenkommandant und entließ uns in die raue Steppe der Zivilisation. Mein Gott, was machen wir kampferprobten Krieger denn bloß in einem Leben, wo alles normal ist? Zuallererst suchten wir uns eine Kneipe, wo wir bei Bier und Wein mal das neue Leben begrüßten. Danach wurde noch gefechtsmäßig Gesichtstarnung aufgelegt und der Helm mit ortsüblichem Grünzeug geschmückt und der Marsch in die Heimat angetreten. Für alle, die es nicht wissen: Damals waren wir nach dem Abrüsten Mitglieder der Miliz und bekamen unsere gesamte Ausrüstung mit nach Hause, darum das gefechtsmäßige Einfallen in unsere Heimat.

Mann, war das ein Aufruhr, als ich in voller Montur, Gefechtstarnung und der deutschen Muttersprache nicht mehr mächtig vor der Tür meiner Familie stand.

Nach kurzer Hauptreinigung meines Luxuskörpers und der teilweisen Entledigung meiner mit nach Hause genommenen Promille quetschte ich mich in meine Lederjacke und meine Kutte, warf mein Bike an und machte mich auf den Weg in mein Clubtschecherl, wo auch schon meine Benzinbrüder waren. Na, das war ein Hallo, als ich mit Kampfschrei und einer Runde aufwartete. Bei ein paar Gläschen wurde der Fronteinsatz mit sämtlichen geilen und auch weniger schönen Anekdoten geschildert, bis es endlich Sonntagmorgen war und ich zufrieden den Heimweg antrat.

Nach Stunden der Erholung im eigenen Bette kam auch schon der Montagmorgen. Hmmm, irgendwas war ja da noch im zivilen Leben? Ach ja, der Weg aufs Arbeitsamt! Dunkel erinnerte ich mich daran, dass ich ja keinen Job mehr hatte. Ich warf früh morgens um zehn mein Bike an und cruiste in Richtung Arbeitsamt. Als ich so dahintuckerte und noch am Sortieren meiner Gedanken war, flitzte an mir ein Firmenschild vorbei, das ich so circa einen Kilometer danach wahrnahm.

Ich bremste mein Bike ab und überlegte: Wenn ich mal hier um einen Job fragen würde, wäre ich ja um mindestens einer Stunde früher bei meinem Stammwirten.

Also spritzte ich das Arbeitsamt, wendete mein Moped und fuhr standesgemäß bei der Firma vor.

Korrekt gekleidet, mit Lederhose, Lederjacke samt Clubkutte und roten Augen läutete ich an der Türe und der nette Türöffner öffnete mir die Pforte. Ich trat ein, bog durch die Tür, wo „Büro“ stand und traf auch schon zwei nette Bürodamen. „Was machst du denn da?“, fragte grinsend eine der beiden Damen, es war Conny, ein Mitglied unseres Clubs.

„ Hi Conny“, sagte ich. „Ist dein Chef da? Ich dachte, ich schau mal rein, ob er Arbeit für mich hat.“

Conni grinste und deutete auf eine Tür. Ich ging zur Tür, klopfte gut erzogen und eine dunkle Stimme forderte mein Eintreten.

Der Chef saß an seinem Schreibtisch und schrieb noch etwas zuende, als er danach den Kopf hob und mich erblickte. Erschrocken fragte er mich, was ich wolle.

„Ich komme grad vom Kriegseinsatz, brauche Geld und suche deswegen Arbeit, wie sieht's aus?"

Entgeistert sah er mich an und fragte: „Sie wollen arbeiten?!"

„Klar", sagte ich grinsend, „sonst wäre ich nicht hier!"

Er musterte mich von oben nach unten und umgekehrt und fragte mich nochmals: „Und Sie wollen wirklich arbeiten!" Ich nickte entschieden. „Ok", sagte er, „Sie können gleich morgen anfangen!"

Ich schenkte ihm ein Lächeln und streckte ihm meine Kralle hin, verabschiedete mich und ging wieder. Als ich in Connys Büro kam, fragte sie mich neugierig, wie es war. Ich grinste und verabschiedete mich mit den Worten: „Bis morgen früh, Frau Kollegin!"

Ich schwang mich danach auf mein Bike, war glücklich, dass ich früher zum Wirten kam, und natürlich auch froh, dass ich mir das AMS ersparte.

An diesem Tag suchte ich früher mein Bett auf, um morgens um fünf fit für die Frühschicht zu sein. Ich trank also mein letztes Colarot um vier Uhr aus, damit ich mich noch umziehen konnte, um pünktlich an meiner neuen Arbeitsstätte zu erscheinen.

Etwas erschlagen und mit einer Familienpackung Kaugummi im Gesicht, zur Vertuschung der Fahne, stellte ich mich bei meinem Schichtführer vor, der optisch aussah wie Erik der Wikinger. Schnauzbart und etwas unfreundliche Gesichtszüge sahen mich ungläubig an und befahlen mir das Mitkommen. Zu meinem Glück durfte ich gleich mit ihm Schulter an Schulter zusammenarbeiten. Ich zeigte mich sofort von Anfang an von meiner besten Seite, motzte nicht und machte alles mit einem fröhlichen Lächeln im

Gesicht und einem blöden Spruch auf den Lippen. Wie es sich zum Schichtende gehört, lud ich vorausschauend meinen Vorarbeiter dann auch zum Einstand auf einen Drink in die Knochendiele, ein benachbartes Gasthaus der Firma, ein. Nach ein paar Drinks war es dann auch schon so weit, dass ich die tiefst vergrabenen Geheimnisse meines Schichtführers erfuhr. So erzählte er mir, dass unser Chef ihm auftrug, mich bei der kleinsten Verfehlung sofort zu melden damit ich die sofortige Kündigung erhalten würde. Denn so einer wie ich hätte ja ohnehin mit Arbeit nix am Hut.

Wie das Leben so spielt, ich war dort drei Jahre angestellt und als ich dann selber kündigte, wollten weder Chef noch Vorarbeiter, dass ich mich vom Acker machte. Ja, so ist es, man sollte nie einem Menschen nach seinem äußeren Erscheinungsbild beurteilen.

Touchdown ist kein Niederschlag

Eines Tages, es war Herbst, traf ich einen lang verschollenen Freund, sein Name war Jimmy. Damals war er ein cooler Hund, zwar das krasse Gegenteil von mir, aber ein prima Kumpel. Immer gut gekleidet, saß meist an der Bar, einen Spritzer in der Hand und checkte meist das Publikum.

Da wir uns ja schon länger nicht mehr begegnet waren, dauerte es nicht lange und wir versanken in alten Erinnerungen und sprachen über Erlebtes. Auf einmal sagte er: „Hey Opa, wie wäre es, willst du nicht mal einen gscheiten Sport machen?“

Ich spielte damals noch im Verein Fußball.

„Was soll denn das sein?“, fragte ich neugierig.

„American Football“, sagte er und seine Augen strahlten.

„Ist sicher ein geiler Sport, aber ich fahr doch nicht über das große Wasser, um des zu spielen!“

„Nöö“, sagte er, „aus beruflichen Gründen ist da ein Spieler der Erdinger Bulls nach Waidhofen gezogen, der möchte gerne eine Mannschaft aus dem Boden stampfen. Ich dachte, das würde dich vielleicht interessieren.“

Klar war ich interessiert, dieser Sport würde sicherlich die Bestie in mir wecken.

Nachdem er mir Ort und Zeit der Trainings verraten hatte, war es für mich fix, ich musste da hin. Am ersten Trainingstag trafen wir uns am Sandplatz vor der Sporthalle in Waidhofen, eine bessere Handvoll von kleinen und größeren Monstern, die alle spielen wollte, doch keinen Schimmer hatten, wie dieses Spiel funktionierte. Der Einzige, der diesen Sport kannte, war der Spieler aus Erding. Peter, so hieß das Tier, instruierte uns mal, worum es hier eigentlich ging, und nach kurzer Ansprache und einem ersten Kampfgeschrei wurden wir alle mal getestet, was eigentlich so jeder drauf hat. Am Beginn wurde mal das Tacklen geübt, das war genau das richtige für die urigen Landmänner aus dem Ybbstal. Jeder durfte mal gegen den Profi ran und alle sahen, dass hier noch sehr viel Luft nach oben war. Was fehlte, war nur Technik, Kreativität und Witz, aber das würden wir schon lernen. Je öfter einer ins Leere lief, umso bösartiger wurden alle und die Tiere des Ybbstals waren geboren.

Am Ende des ersten Trainings gab es viel Blut, leichtere Schrammen und das Beste, danach waren alle relaxt, müde und voll geil auf das nächste Training.

Elefanten im Tiefschnee

Es war das dritte Wochenende im Februar, kalt, etwas Schnee, alles, wie es normalerweise um diese Zeit sein sollte. Doch eines war anders: Ich hatte ein Gipsbein bis fast zur Hüfte, war mit Krücken bewaffnet und eher ans Heim gefesselt. Eines war aber noch dieses Wochenende: Elefantentreffen am Salzburgring.

Für alle, die es nicht wissen: Grüne Elefanten waren Motorräder der Marke Zündapp. Im Januar 1956 trafen sich KS-601-Fahrer, unter ihnen der Motorradjournalist Ernst Leverkus, genannt „Klacks“, an der Solitude-Rennstrecke zum ersten Elefantentreffen, das seitdem jedes Jahr unter diesem Namen stattfand.

Seit Wochen sprachen wir schon davon, wieder dabei zu sein, Stoff, Geggi, Schrattl, Gurki, Tom, um ein paar aufzuzählen. Alle waren schon geil drauf, nur ich nicht. Wie sollte ich am Bike nach Salzburg kommen? Ich war zerstört und neidisch auf die anderen.

Als am besagten Wochenende die Abfahrt Freitag mittags anstand und ich im Geiste bei meinen Jungs war, die da aufbrachen, läutete das Telefon. Es war Geggi, er war leicht genervt, den er hatte schon am Vorabend sein Bike mit allem Lebenswichtigen beladen und nun, als die Jungs abfahren wollten, riss ihm das Gasseil. Seine letzte Hoffnung war ich. Er rief mich an und meinte, ob ich ihm nicht meine Kleine leihen könnte damit nicht auch noch er zu Hause bleiben musste. Unter Bros war‘s natürlich selbstverständlich, dass ich ihm mein Bike lieh. Aber wie würde er zu meinem Bike kommen, war die Frage.

„Scheiß drauf!“, sagte ich. „Ich bring sie dir!“

„Mann, du kannst nicht fahren mit Liegegips!“, sagte Geggi. „Is doch zu gefährlich bei dem Eis und Schnee!“

„Des mach ma schon“, gab ich zur Antwort. Ich humpelte in die Garage, dachte kurz über die Sitzhaltung nach, warf meine Kleine an und hoffte, unversehrt an mein Ziel zu kommen. Es war nicht einfach, mit dem langen Gips zu fahren, zum Glück war es ja nur der rechte Fuß, den man nur zum Bremsen benötigt. Ich ließ ihn locker am Pedal liegen, alles lief toll, bis ich an dem verschneiten Bergabstück mit einem Gefälle von 18% ankam, hier wurde ich trotz der Kälte leicht verschwitzt.

Nur noch über die Brücke und dann hatte ich es geschafft. Geggi freute sich, dass ich gut bei ihm ankam und nun – den ganzen Weg zurück. Ich musste ja wieder zurück zu meinen Krücken, also brachte Geggi mich am Sozius und meinem Bein auf seinem Schenkel dieselbe Strecke zu mir nach Hause zurück. Beide waren wir froh, dass wir es unfallfrei geschafft hatten. Danach fuhren meine Mannen von Kematen los und quälten sich auf der Autobahn in Richtung Salzburgring.

Zu Hause nervte es mich, dass ich nicht mitkommen konnte, doch ich wäre nicht ich, wenn mir keine passende Idee gekommen wäre. Also schnappte ich mir meinen riesigen Heeresrucksack, befüllte ihn mit überlebenswichtigen Utensilien, wie Radio, Frostschutz für den Körper, Schlafsack und eine Stange Tschick. Es dauerte nicht lange und man sah auf der Straße einen mit Krücken bewaffneten und vollbepackten Autostopper. Nach kurzer Zeit blieb neben mir ein Nachbar stehen und fragte mich, wo ich denn hinwolle?

„Salzburgring, Elefantentreffen!“, antwortete ich.

Er lachte und lud mich ein, ein Stück mitzukommen. Nach großem Gelächter und auch etwas Unverständnis zweier weiterer freundlicher Autofahrer und eines coolen LKW-Fahrers schaffte ich es bis zur Raststation Mondsee. Dort tranken der Trucker und ich mal eine Kleinigkeit und sahen uns dabei das Schispringen im TV an. Plötzlich kamen da ein paar Endurofahrer rein, beide verkleidet als kleine Schneemänner, und wärmten sich mal etwas auf. Wir kamen ins Gespräch und bemerkten, dass wir das gleiche Ziel hatten. Es war ja nicht mehr weit und sie waren so liebenswürdig, mich mitzunehmen. Ich band vor der Abfahrt meine Bärenmütze etwas fester zusammen, damit ich keine kalten Ohren bekam, und los ging die Reise. Nach ein paar Kilometern war der Schneefall so schlimm, dass die beiden am Pannenstreifen stehen bleiben mussten, um ihre Brillen vom Schnee zu befreien. Mein Fahrer musste auch mal pinkeln und wie es der Teufel so will, knickte mir beim Absteigen der Fuß weg und es knallte mich rücklings auf die Autobahn. Mann, so schnell war ich ja nicht mal mit zwei gesunden Beinen hochgekommen. Puhh, Gott sei Dank kam da gerade keiner.

Nach dieser Schrecksekunde ging es dann mal pannenfrei weiter bis zur Einfahrt auf den Ring, wo ich mich von den beiden verabschiedete und mich zu Fuß auf den Weg Richtung Sachskurve machte, wo meine Mannen immer campierten. Schon von weitem hörte ich ihre Stimmen. Ihr Gelächter war kaum zu überhören. Ich schrie mal, das ich auch schon da wäre. Na das war ein Bahööö!! Keiner konnte es glauben, dass ich noch nachkommen würde.

Bei einem Glühwein aus unserem Druidenkessel erzählte ich ihnen, was ich auf meiner Reise erlebt hatte. Danach kippten wir noch ein paar mit den Nachbarn und hörten noch den Platzsprecher durchsagen: „Leute, zieht eure Decken hoch, wir haben momentan minus einundzwanzig Grad.“ Komisch, mit etlichen Glühweinen fühlte sich die Temperatur gar nicht so schlimm an.

Futter für die Kuh

Es war am Elefantentreffen der Brauch, dass man untertags mal alle Nachbarn besucht und dabei auch kennenlernt. Vertreten war ja ganz Europa. Spanier, Franzosen, Deutsche usw. Das Schöne bei diesem Treffen, es sind alles Biker, bei denen Gemütlichkeit, Spaß und Freundschaft alles zählt, darum geht man hier auch gerne eine Ringrunde. Zum Zweiten sind hier große Künstler am Werk, die aus den Schneemassen am Ring so richtig coole Sachen bauen. Angefangen von mannshohen Elefanten, Harley-Motoren oder wie die Franzosen ihr Wahrzeichen, einen zwei Meter hohen Pimmel, wo direkt an der Eichel die französische Fahne wehte und darunter eine Gummipuppe dran lehnte. Es war jedes Jahr ein Erlebnis, dies alles sehen und die dazugehörigen Menschen kennenlernen zu dürfen. Natürlich waren auch viele Verrückte anwesend, nicht nur wegen des täglichen Verzehrs von Alkohol, der Kälte geschuldet, nein, es waren auch echt tollkühne Verrückte anwesend. Die meisten waren mit Enduros, versehen mit Spikes, die sich in das Eis des Salzburgring bohrten, unterwegs. Daran angebunden eine Leine, die manchmal kurz, aber ziemlich oft sehr lang gehalten wurde, und daran angehangen ein Schifahrer. Es war eine Augenweide, wie gekonnt und spektakulär Biker und ihre anhängigen Schifahrer durch die Kurven drifteten. Doch die verrücktesten waren doch jene, die sich entweder auf einer Rodel oder am Bauch ziehen ließen und danach in der Nocksteinkehre bei Geschwindigkeiten um 100 Sachen dann in die Schneewände abflogen. Solche Aktionen waren natürlich nur möglich mit einem Frostschutz ab 2,2 Promille, um verletzungsfrei davonzukommen.

Wir Ochtahoiwa hatten natürlich immer ein Mittelchen eingesteckt, das uns die Kälte und Verletzungen fernhielt. Es nannte sich „Futter für die Kuh“ und stammte aus der Destille unseres Häuptlings Schrattl. Dieser wusste, was es braucht, um mit dem Gesöff Tote zu erwecken oder in die ewigen Jagdgründe zu schicken. Es war echt ein vielseitiges Gesöff, von dem sich auch unsere Zeltnachbarn, eine Gilde aus Südtirol, überzeugen durften.

Es war so: Als wir unsere Ringrunde beendeten und zu unseren Tipis schlenderten, trafen wir neue Zeltnachbarn, die erst vor kurzem angekommen waren und verzweifelt versuchten aus ihrem feuchten Brennholze ein wärmendes Feuerchen zu entfachen. Bei freundlicher Nachfrage meinerseits, wo denn das Südtiroler Problem sei, erwiderte ein Genosse, dass sie alles im Gepäck hatten, nur kein Papier. „Also müssen wir pusten, damit die Glut mal Feuer fängt!“

Nach kurzer Sicherheitsanweisung meinerseits, „macht‘s mal a bissl Platz, könnte warm werden!“, wichen unsere Freunde mal ungläubig etwas zurück. Ich nahm meine Feldflasche von meinem Gürtel und nach einem kurzen Spritzer unseres Futters in die Glut war plötzlich ein Feuerchen entstanden. Es ging ein Gejohle durch die Südtiroler Gilde, so ein kräftiges Getränk hatten sie noch nie gesehen und wollten dieses Ding sofort mal kosten. Natürlich durften sie das auch. Nach einer eindringlichen Sicherheitswarnung für den Gebrauch kostete der erste Mutige. Es war lustig zu sehen, wie dieser einen kleinen Schluck nahm, kurz darauf mal um Luft rang und fast zur selben

Zeit spürte sein Körper eine Explosion im Magen und die Öffnung im hochroten Gesicht keuchte: „Mann, was ist denn das für ein Zeug?“

Natürlich war es ein Geheimrezept und die Zusammensetzung wurde nicht verraten. Hauptsache, sie konnten alle mal etwas Futter kosten und hatten ab diesen Moment kein Problem mehr mit der Kälte. Doch leider verloren sie ziemlich bald den Bezug zu ihrer Muttersprache und mussten früh in den Schlafsack. „Futter für die Kuh“, ein Alleskönner, der aber erst nach Information von Arzt oder Apotheker und nur in kleinen Dosen eingenommen werden darf

Kraxenberg und der Dachschaden

Es war Sommer, ich denke, es war der 27. Juli und es wurde Zeit, mal wieder ein legendäres Bikertreffen anzusteuern.

Der MC Kraxenberg war ein befreundeter Motorradclub aus der Nähe von Ried im Inkreis. Wie fast immer, wenn wir Treffen besuchten, trafen wir uns schon Freitagmittag vollbepackt bei unserem Clubwirt „Ossi". An diesem Tag waren wir wieder mal eine größere Truppe Bikes und ein „Fifimini" (Minicooper mit Fifi drin), die an den schönen Badesee nach Kraxenberg aufbrachen. Wir freuten uns schon alle auf den Campingplatz, den wunderschönen Baggersee und natürlich auch das Bierzelt mit Livemusic.

Nach circa drei Stunden Fahrt durch die Oberösterreichische Pampa, damals fuhren wir auch Langstrecken nicht auf der Autobahn, ist doch uncool, trafen wir am Campingplatz ein. Wie üblich gab es bei der Ankunft ein hochprozentiges Begrüßungsgetränk, wo man froh ist, wenn man danach auch nicht mehr zu viel auf's Moped rauf muss.

Wir suchten uns danach ein lauschiges, zentral gelegenes Plätzchen unweit vom Seeufer, aber auch in überschaubarer Entfernung zum Festzelt, und schlugen unsere Zelte auf. Nach getaner Arbeit wurde das verschwitzte Bikerdress abgelegt und die Badehose kam darunter zum Vorschein. Wir starteten in Richtung Baggersee, um uns abzukühlen. Es war ein tückischer See. Wenn man reinging, mussten mal so an die acht Schritte im Flachwasser gemacht werden, bis es dann abrupt tiefer wurde und man schwimmen konnte. Jaaa, es war ein Badesee, der zum

Denken anregte. Warum ich diesen Vorgang so genau beschreibe, erklär ich etwas später.

Die Abkühlung im See war wunderbar und erfrischte unsere etwas vertrockneten Köpfe von der Anfahrt. Nach der ersten Abkühlung entstiegen wir den Fluten und gingen standesgemäß mit Kutte und Badehose gekleidet ins Bierzelt, um mal mit einer sogenannten „Goasmaß“ die Gastgeber zu begrüßen. Es war schon einiges los da und die Stimmung war ausgezeichnet. Es flossen eine Maß nach der anderen und wie es eben mal so ist, wenn man am Überholer hängt und Vollgas gibt, da dauert's oft nicht lange und es haut dich von der Autobahn. So war es bei mir auch beim Umtrunk. Meinem Gefühl nach dauerte es höchstens bis Mitternacht, als bei mir die Lichter ausgingen und ich wie auch immer in mein Zelt flog und den Schlaf der Gerechten hielt. Das war‘s mal für den ersten Tag Kraxenberg.

Es war Samstag morgens, ziemlich zeitig in der Früh, als ich etwas durstig und auch noch etwas wirr im Kopf zu mir kam, ich denke, es war die Hitze im Zelt die mich körperlich etwas mitnahm. Ich kletterte aus dem Zelt, sah mich um und bemerkte, das ich, wie es schien, der Einzige am Zeltplatz war, der schon wach war. Es machte mich stolz, dass ich mal bei etwas der Erste war. Der Nachteil: Es war langweilig so ganz alleine am Platze, also beschloss ich, etwas Sinnvolles zu tun. Ich packte mich in meine Bikerpanier, warf meine Honda an und fuhr ins Dorf.

Sofort fand ich eine Tankstelle, wo ich meinen Bock mal volllaufen ließ und, was für ein Glück, die Tanke wurde von einem Kreisler geführt. Ich dachte, wenn ich schon allein am Campingplatz verweilen muss könnte ich doch gleich mal Frühstück fassen und es am See zu mir nehmen. Also schnappte ich mir meinen Lieblingswachmacher, eine Flasche Kirschrum, und kehrte auf den Zeltplatz zurück. Wie ich annahm, war immer noch keiner meiner Leute wach, also begann ich mein Frühstück mal alleine einzunehmen.

Als ich so nach einer knappen Stunde mein Frühstück beendete, weil mein Wachmacher aus war, kamen die ersten Mitstreiter zu sich und waren verwundert, warum ich schon in aller Frühe wieder einen Haken hatte. Kurz erzählte ich von meinen morgendlichen Aktivitäten und niemand hatte mehr Fragen zu meinem Zustand.

Plötzlich wurde mir ziemlich heiß, ich dachte schon, dass ich mit achtzehn Lenzen schon in den Wechsel käme, doch es dürfte die Flasche Kirschrum auf den nüchternen Magen gewesen sein, die mir die Hitze ins Gesicht trieb. Ich riss hastig meine Klamotten vom Körper und stand schnell nur mehr in der Badehose da. „Ich muss ins Wasser, sonst verbrenne ich", waren meine letzten Worte und schon spurtete ich Richtung See. Zwei, drei Schritte im Wasser und ein Steilköpfler später krachte es in meinem Genick und auf meinem Kopf raschelten Kieselsteine, während es mich überschlug. Als ich jäh zum Sitzen kam bemerkte ich, dass mir das Wasser nur bis Oberkante Badehose ging. Mann, was war geschehen? Klar, im Suff hatte ich vergessen, dass ich doch zumindest acht Schritte im Wasser waten sollte, bevor ich einen Kopfsprung wagen könnte. Aber, es war zu spät. Ich saß so da und musste, während mir meine obersten Körperteile schmerzten, vom Ufer her hämisches Gelächter meiner sogenannten Freunde anhören. Ich griff mir an den Kopf, um nach einer Beule zu suchen. Als es auf einmal dunkel wurde und ich eine riesige offene Stelle spürte, wusste ich, da kommt kein Höcker raus. Es lief mir bereits eine Menge But übers Gesicht, als auf einmal das Gelächter vom Ufer verstummte und einer schreiend bemerkte, dass ich mich doch sehr ernsthaft verletzt hatte. Während ich mich mal aus den Fluten erhob, kamen mir auch schon ein paar Freunde entgegen, um mir zu helfen, doch ein Tier braucht keine Hilfe. Ich ging flankiert von beiden und den bestürzten Blicken der anderen in die Toilettenanlage, um mal im Spiegel zu sehen, wie schlimm es sei. Mein Anblick war fürchterlich und jetzt hatte ich noch eine ziemlich riesige Wunde dazu bekommen. Ich wusch mir mal das Blut aus dem Gesicht, weil ich ja kaum was sehen konnte, es blutete heftigst weiter und es dauerte nicht lange, da stürmte auch schon einer der Kraxenberger Biker mit Verbandsmaterial in den Waschraum. Er versorgte mich mal provisorisch mit einem Druckverband, damit mal meine Blutung eingedämmt wurde.

Langsam fühlte ich mich schon etwas schwach, als ich hörte: „Los, er muss auf dem schnellsten Wege ins Krankenhaus!“ Und schon wurde ich in ein Auto geschmissen und von einem netten Biker abtransportiert. Als wir im Krankenhaus ankamen, wurde ich sofort geröntgt und danach in die Ambulanz gebracht. Ein Arzt sah sich meine Verletzung an und meinte: „Na mein Lieber, was mach ma denn? Einen Perlenstich oder einen Kreuzstich?“

Schwach grinsend sagte ich: „Wenns geht, dass i danach wieder a fescher Kerl bin!“

„Tut ma leid“ sagte er.

„Ich bin nur Unfallchirurg und zaubern kann i leider auch noch nicht.“

Als wir darüber noch lachten, kam eine andere Krankenschwester in den Raum und verlangte, dass mein Arzt kurz mitkommen möge. Er verschwand und übrig blieben für eine gefühlte halbe Stunde meine persönliche Krankenschwester und ich.

Als der Doc endlich wieder antanzte, ging er auch sofort ans Werk und krallte seine Nadel zum Nähen in meine Kopfhaut. Zeitgleich verkrampfte ich mich mal kurz, denn durch die lange Wartezeit bis zum Nähen verflog mein Saufkoma und die Narkose war auch nicht mehr wirksam.

„Tut's weh?", fragte der Arzt.

Ich verneinte mit zusammengebissenen Lippen, denn wir waren ja keine Lusche! Ich spürte, wie mich Schweißausbrüche plagten, doch ich hielt alle zweiunddreißig Stiche durch und war echt erleichtert, als der Arzt fertig war. Ich bekam noch einen wunderbaren Turban verpasst und als ich dann entlassen wurde, rief mir der Doc noch grinsend nach: „Bitte nix mehr trinken heute, viel Spaß noch und bitte den anderen Besuchern ausrichten, dass sie sich nicht verletzen sollten!"

„Jaja!", grummelte ich noch, verabschiedete mich und es ging wieder ab aufs Festgelände. Ich wurde schon sehnsüchtigst erwartet, den alle wollten wissen, wie es mir ergangen war. Als sie sahen, dass ich's überlebt hatte, wurde ich natürlich auch gleich verarscht.

Damit meine Kopfschmerzen erträglicher wurden forderte ich natürlich gleich ein Goasmaß und nach der zweiten war's dann auch soweit, Kopfschmerzen weg und schwupps, ich lag auch wieder im Zelt. Ich denke, ich war an diesem Abend etwas müde. Am Sonntagmorgen erwachte ich mit fürchterlichen Kopfschmerzen, doch Indianer kennen keinen Schmerz. Ich gab mich wie immer locker und cool, baute mit meinen Freunden die Zelte ab und montierte mein Zelt auf meine Honda. Aber irgendwie machten sich meine Leute Sorgen um mich, weil sie immer meinten, ich solle mit Fifi im Auto mitfahren.

Das kam aber nicht in die Tüte, mit dem Moped gekommen, also auch nach Haues am Moped. Sie sahen, es war zwecklos, mit mir zu diskutieren, und ließen mich also in Ruhe. Das nächste Gejohle meiner Mannen war, als ich meinen Helm aufsetzen wollte. Wegen meines neu erworbenen Turbans passte mein Kopf nicht mehr in meinen Helm. Naja, Not macht erfinderisch. Mein Helm wurde an meinem Gürtel angebracht, mein Kopf hatte einen Turban als Helm und abgerundet wurde die Optik mit meiner Fliegerbrille. Nach viel Gelächter des ganzen Zeltplatzes machten wir uns auf den Weg nach Hause. Es war verhext, wir waren gerade mal auf Höhe Wels, da begann es zu regnen. Na super, dachte ich, der Verband soll nicht nass werden! Kurz darauf blieben wir unter einer Brücke stehen, die anderen zogen ihr Regendress über, aber was mache ich? Fifi hatte plötzlich eine Idee. War eine gute Idee, man hörte schon wieder alle schallend lachen, als sie meine neue Optik sahen. Der Turban war beschützt mit einem grellen gelben Billasack und dieser war fixiert mit meinen Fliegerbrillen. Naja, Not macht erfinderisch und es ist ja nun mal nötig.

So ging‘s dann bis zu Fletzer Poldi, unserem zweiten Stammlokal. Da wurde noch das Wochenende besprochen und es fanden alle, dass es ein sehr schönes Motorradtreffen war in Kraxenberg.

Der krönende Abschluss war dann noch der letzte Weg nach Hause. Direkt in Gleiß stand nämlich ein Gesetzeshüter und beobachtete den Verkehr. Ich hatte irgendwie ein blödes Gefühl, als wir in sein Sichtfeld kamen. Als wir direkt vor ihm vorbeifuhren, sah er erst Stoff, dann Tom und zu guter Letzt mir nach, bevor ich im Augenwinkel sah, dass er plötzlich zu seinem Dienstbike hastete. Ich dachte schon, dass er die Verfolgung aufnehmen würde, doch er kam nicht. Womöglich dachte er nach, ob ich nun einen Helm aufhatte oder nicht. Wie's scheint, denkt er heute noch.

Kölblalm, Ende des guten Willens

Es war ein schöner Freitag im Spätsommer, wo wir uns trafen, um eine Reise zum Motorradtreffen nach Johnsbach zu starten. Wir waren eine Gruppe von fünfzehn Bikes und vierundzwanzig Mitgliedern. Wir cruisten gemütlich über Weyer und Altenmarkt durchs schöne Ennstal. Wir hatten es nicht eilig, denn es waren ja nicht mal hundert Kilometer bis ans Ziel. Dort angekommen, bauten wir unser zwanzig-Mann-Gruppenzelt auf. Nun wird vielleicht jemand denken: Wie geht das? Vierundzwanzig Mann und ein zwanzig-Mann-Zelt? Wo schlafen die restlichen vier? Nun ja, aus Erfahrung wussten wir, dass ein gewisser Prozentsatz sowieso woanders zu liegen kommt.

Nach getaner Arbeit gingen wir dann zum gemütlichen Teil über. Es war ein kleines, aber feines Treffen mit einer überschaubaren Teilnehmerzahl, da konnte man nun ja mal wirklich mit allen Teilnehmern ein Schwätzchen halten. Der Freitagabend ging dann auch mal bald so gegen drei Uhr früh zu ende.

Morgens, so gegen acht, erwachte ich aus meinem Prinzessinnenschlaf und sah, dass Stoff auch schon unter den Lebenden weilte. Also gingen wir mal auf ein Guten-Morgen-Bierchen an die Bar. Hier kam Stoff auf die blendende Idee, mit unseren Mannen unter Tags eine kleine Bergwanderung zu unternehmen. Bekanntlich sind Biker ja sehr naturliebend und sportlich, also fragten wir mal, ob es hier wo in der Gegend eine Almhütte gab, die wir erklimmen könnten. Der Barmann des Clubs hatte auch gleich einen guten Tipp. Es gebe dort oben eine Hütte, die sogar bewirtschaftet ist, sie nennt sich Kölblalm und sei in ca.

zwei Stunden Gehzeit zu erreichen. Aber wer Stoff kennt, der weiß, dass dieser nicht die Katze im Sack kauft, also fragte er noch nach, ob man diese Hütte nicht auch mit dem Bike erreichen könne, um diese zu testen, ob sie für unser Team in Frage kommen würde. Der Eingeborene grinste und beschrieb uns den Weg zur Alm. Gesagt, getan, Stoff und ich schwangen uns auf die Mopeds und fuhren den beschriebenen Weg entlang. Zuerst Asphalt, dann die Abzweigung auf einen ziemlich ausgewaschenen Schotterweg, wo man als Mopedfahrer richtig gefordert war. Durch den Regen war die Spur etwa 30 bis 40 cm tief ausgespült und an der rechten Wegseite ging es circa 15 Meter extrem steil in ein kleines Bächlein hinab. Ich war sehr froh, als wir endlich auf ein flaches Wiesenwegelchen gelangten, wo als einzige Herausforderung neugierige grasende Kühe standen.

Kurz danach war auch schon die besagte Hütte. Wir stellten unsere Bikes vor dem Eingang ab und wurden hier schon vom Senner dieser Alm begrüßt. Er war ein Mann. der genau dem Bild eines Senners entsprach, 70+, weißer Vollbart und ein richtiger braungebrannter Naturbursche. Wir fragten höflich, ob es hier auch etwas zu trinken gäbe. Darauf bat er uns einzutreten und kredenzte uns gleich mal zwei Bier und stellte sie auf den großen klobigen Tisch, der an der hinteren Seite der Hütte stand. Wow, hier war es wie vor mindestens hundert Jahren. Eine richtige Rauchkuchl, urig, gemütlich und das Beste, kein Strom. Auf einem Stuhl saß die bessere Hälfte, die Sennerin, die gerade Butter rührte, dabei freundlich grinste und so richtig zufrieden war mit sich und der Arbeit auf der Alm. Wir prosteten mal den beiden zu und begannen mit ihnen ein angeregtes Gespräch. Wir waren neugierig und wollten alles vom Almleben wissen. Es war wunderschön zu erfahren, wie wenig ein Mensch braucht, um glücklich zu sein. Beide erzählten, dass sie seit dreißig Jahren jeden Sommer diese Alm bewirteten und keinen Augenblick jemals bereut hätten. Man sah, dass sich die beiden auch sehr freuten, mal paar verrückte Biker zu Besuch zu haben. Während unseres angeregten Gesprächs kamen auf einmal zwei Wandererpärchen aus Deutschland zur Tür herein, grüßten freundlich und wollten offenbar einen kleinen Imbiss und einen Umtrunk zu sich nehmen. Doch irgendwie trauten sie sich nicht, denn es saßen ja zwei Outlaws am Tisch. Könnte ja gefährlich werden. Stoff grinste die vier an und bat sie in seinem unverwechselbaren Charme, an unserem Tisch Platz zu nehmen. Vorsichtig nahmen sie dankend an. Als wir dann für uns sechs auch noch ein Bierchen mit einem guten Kurzen dazu bestellten, war endgültig das Eis gebrochen. Von nun an ging's locker dahin, leider. Ein Bier, ein Schnaps, es folgte Runde auf Runde, bis wir wieder mal so richtig gut drauf waren, war ja auch schon Mittag.

Jaaaa, wenn's am lustigsten ist, sollte man aber die Bühne verlassen, dachten sich auch Stoff und ich. Immerhin wollten wir ja mit unserem Club noch zu Fuß hier rauf kommen, es war ja wirklich schön hier.

Wir verabschiedeten uns noch lallend und machten uns auch sogleich auf den beschwerlichen Weg ins Tal. Das Ärgste war ja, dass mir die Abfahrt nicht im Geringsten so gefährlich erschien wie der Weg nach oben.

Wir hatten Glück und kamen gut nach unten und wollten nur noch zum Zeltplatz, um ein bisschen zu rasten. Aber, liebe Kinder, ein guter Rat von mir, trinkt nicht, wenn ihr fahren müsst, Alkohol macht nämlich blind! Warum? Als wir nämlich auf der Hauptstraße fuhren, war direkt nebenan ein Wirtshaus, wo unsere restliche Gang zu Mittag aß. Als sie unsere Mopeds dröhnen hörten und uns sahen, winkten sie, um uns auf sie aufmerksam zu machen. Aber wir konnten sie nicht sehen, obwohl sie am Straßenrand saßen. Also eins vorab, der Bergwandertag fiel flach, genau wie Stoff und ich, wir hatten bis am späten Nachmittag keine Sprechstunden mehr. Als wir wieder erwachten, wollten natürlich alle wissen wo wir den ganzen Tag abgeblieben waren, denn niemand wusste, wo wir waren. Leo, der immer durstige, konnte kaum glauben, dass ich ohne ihn auf der Alm war, wollte aber alles darüber wissen. Bevor ich ihm alles erklärte, montierte ich ihn am Moped und fuhr mit ihm ein zweites Mal auf die Alm. Es war für mich fast wie ein Déjà-vu, Bier, Schnaps usw. Aber zum Glück konnte ich Leo überzeugen, noch kurz vor dunkel die Abfahrt in Angriff zu nehmen, war ja doch nicht so ohne und mit 5 Promille am Sozius schon gar nicht.

Endlich wieder beim Zeltplatz angekommen, begrüßten wir mal einige Neue, die untertags dazugekommen waren, und quatschten über Gott und die Welt.

Es war schon ziemlich spät, als zwei uns bekannte Mädls eintrafen. Sie waren aus der Wiener Gegend und wir kannten sie schon eine Zeit lang. Beide waren nett und unterhielten sich mit Stoff. Ich wollte mich ja gerne an ihrem Gespräch beteiligen, aber zweimal Kölblalm war für mich zu viel. Ich musste mich auch mal aufs Ohr hauen, um wenigstens das nächtliche Treffen noch halbwegs mitzukriegen. Ich kroch ins kleine mitgebrachte Zelt, um hier mal in Ruhe paar Takte zu grunzen und, wie es eben so ist, vollbestückt mit Mengen von Promillen schlief ich auch sofort tief und fest ein. Ich weiß nicht, wann es war, als mich plötzlich ein harter Schmerz aus meinem Schönheitsschlaf erweckte. Es war ein Helm, den Stoff ins Zelt warf und der mich direkt an der Birne traf. Es folgte noch ein zweiter Helm und danach noch zwei Rucksäcke die mich auch allesamt trafen. Ein kurzes Fluchen meinerseits hallte durchs Zelt und wurde von einem leisen „Psssst!“ gebremst. Es war Stoff mit den beiden Mädls. „Hast e nix dagegen wenn die beiden bei uns schlafen?“

Bevor ich etwas entgegnen konnte krabbelten er und die Mädls schon ins Zelt.

„Kommt ruhig rein, i schlaf e schon!“, grummelte ich.

„Wir sind auch ganz leise!“ sagte eines der Mädels, „du wirst uns kaum spüren.“

Jaja, wenn eine Frau schon was verspricht, konnte ich es damals schon nie glauben. Ich war schon wieder kurz am einnicken, als ich neben mir so komische Geräusche hörte. Es kam mir so vor, als würden ich an der Tafel eines Ritteressens sitzen. Es wurde nebenan geschmatzt und ich denke, dass auch jemand Asthma hatte, da ich ja auch leises Stöhnen hörte. Ich dachte darüber nicht weiter nach und wollte eigentlich wieder ins Träumeland eintauchen, als ich auf einmal eine forschende Hand an meinem Körper entlangstreichen spürte. Na, was war denn das? Anscheinend durfte eine der beiden Damen nicht mitspielen und suchte das Glück halt beim naheliegenden und das war wohl ich. Naja, gegen Gefummel hatte ich ja damals nicht wirklich was und ließ sie halt machen. Als ich dann auch mal scharf wurde und auch meine Fühler ausstreckte, musste natürlich Stoff den Bremser spielen. „Mann!“, murmelte er, „ich bin so was von durstig, kommt ihr mit was trinken an die Bar?“

Und dass war‘s auch dann mit fummeln, denn wenn Cheffe sprechen, dann muss man ja auch mit.

Also kletterten wir vier aus dem Zelt und bewegten uns Richtung Bar, die aber nicht mehr besetzt war. Was nu? Stoff bemerkte, dass er innerlich verbrennen würde und er unbedingt was trinken müsse und hatte dabei auch gleich eine zündende Idee. „Unweit unseres Zeltes, den Weg entlang Richtung Hauptstraße verläuft ja ein kleiner klarer Gebirgsbach, da müssen wir hin!“

Natürlich machten wir uns auch sogleich auf den Weg. Es war stockdunkel, wir hörten bereits das Bächlein leise gurgeln und auf einmal meinte Stoff: „Ich bin mir nicht mehr sicher, aber ich denke, hier geht’s steil runter zum Wasser!“

Also hatte er die Idee, dass wir auf allen Vieren Richtung Bach krabbeln sollten, damit wir nicht abstürzen und uns verletzen können. Kaum ausgesprochen platschte es schon unter unseren Händen, was war geschehen? Gegen aller Erwartung ging es so gut wie flach in den Bach und alle vier waren wir nass und konnten uns kaum halten vor lachen, weil uns unser unfehlbarer Scout so in die Irre führte. Natürlich war‘s dann vorbei mit romantisch Zelten. Über diesen Fauxpas amüsierten wir uns auch noch Jahre später.

Das verlorene Bike

Eines Tages, es war ein Samstagmorgen, zeitig, so gegen acht Uhr, wurde ich durch wüste Kopfschmerzen wachgeküsst. Mein geliebter Körper lag, wie so manchmal, in meinem liebsten Schlafgemach, der Garage. Wie meist rätselte ich, warum dies so zustande kam. Ich hatte ja auch ein feines Bett, wo mein Geist normalerweise aus seinem komatösen Schlaf erwachte. Ich versuchte mich zu erinnern, warum ich an diesem Samstag nicht in meinem Bette zu mir kam. Hmmmm, ich überlegte und grübelte unter heftigem Hohlraumsausen, wo ich eigentlich zuletzt war und was mich noch weitaus mehr beschäftigte: Wie zum Teufel kam ich nach Hause?

Als ich nach langem Denken auf keinen grünen Zweig gelangte, kam mir die Idee, ich fahr mal zum Frühschoppen nach Kematen, da wird mir schon jemand weiterhelfen können, so dachte ich. Als ich so in der Garage stand und in Richtung meines Bikes starrte, beschäftigte mich eine neue Frage: Wo ist mein Moped? Ich war etwas perplex, wie kann das passieren? Ich zu Hause und mein Bike noch nicht? Wahrscheinlich habe ich in weiser Voraussicht mein Moped stehen lassen und es hat mich ein guter Samariter nach Hause gebracht. Nur wo war ich zuletzt? Wer war der gute Samariter? Die Fragen wurden immer mehr und ich hatte für keine eine Lösung. Naja, dann geh ma halt zu Fuß ins Dorf des edlen Tropfens.

Voller Elan trat ich aus der Garage ins Freie und … ich dachte, mir stürzt die Schädeldecke ein. Mann, war das hell hier draußen. Kurz entschlossen setzte ich meine Sonnenbrille auf und trottete gemütlich in Richtung mögliches

Ziel. Während ich so dahinwankte und mein Kopf sich zu erinnern versuchte, wo letzte Nacht mein Moped stehen geblieben war, kam mir die Idee! Ich war in der Knochendiele, genau, daran konnte ich mich erinnern! Nach einer knappen Stunde Fußmarsch erreichte ich die Knochendiele. Viel Parkplatz kein Moped, na, das war enttäuschend. Naja, wo könnte es sonst noch sein, dachte ich. Am besten denke ich immer bei einem Bierchen nach und kaum daran gedacht saß ich schon an der Bar.

„Na, heute zu Fuß unterwegs?", fragte die Kellnerin.

„Ja, ich suche mein Moped, hast as wo gesehen?"

Sie verneinte grinsend und ich grübelte weiter, Schluck für Schluck.

Ha, bei Ossi war ich sicher auch, dachte ich, da wird's bestimmt stehen, meine Kleine. Ich bewegte mich wieder auf die Straße und ging schweren Schrittes Richtung Ossi. Von weitem sah ich leider schon einen leeren Parkplatz vor meinem Stammlokal. Weil er ja schon geöffnet hatte ging ich rein, setzte mich an die Bar und bestellte ein Bierchen.

„Warum so nachdenklich?", fragte Ossi.

„Ich bin auf der Suche nach meinem Moped, das hab ich scheinbar letzte Nacht verloren!"

Ossi grinste und meinte nur: „So wie du gestern beisammen warst, wundert's mich nicht, dass du nix mehr weißt!"

Während ich mich auslachen ließ, dachte ich daran, dass ich ja mit Geggi noch beim Schurl war. Genau, da steht's sicher, mein Moped. Ich trank aus und ging mit schnellem Schritte weiter zu meinem nächsten Ziel. Als ich dort ankam, wurde ich wieder enttäuscht. So ne Schei…!!! Ich ging rein, bestellte ein Bierchen und fragte mal, ob jemand mein Bike gesehen hätte, doch niemand konnte mir helfen.

Mir fiel ein, dass ich ja gestern auch noch beim Brückenwirt vorstellig war. Ich trank aus und schlich schon etwas schlagseitig zum Eingang hinaus.

Schräg gegenüber war der Brückenwirt, auch hier war mein Moped nicht. Aber weil es bereits Tradition war an diesem Tage, trank ich auch hier mein Kummerbierchen. Bedrückt und in Gedanken versunken wanderte ich danach über die Ybbsbrücke, wo mich ein Hupen aus meinem Kummer riss.

Ich sah zur anderen Straßenseite und bemerkte meinen Kumpel Geggi, der mich trotz meiner gebückten Haltung gleich erkannte. „Hey Opa, wo willst du den hin?"

„Ich hab mein Moped verloren und bin grad auf der Suche danach!", antwortete ich.

Am Ende der Brücke war der Parkplatz von „Schinkis Kneipe". Geggi parkte hier seinen Ofen ein und sah mich mitleidig an. „Komm, kauf ma se eines und dann helf i da suchen!", schlug Geggi vor.

Das Schlimme an dem Ganzen war, dass ich beim besten Willen kein Bier mehr trinken konnte und ich auf ein großes Colarot umsteigen musste.

Ich begann von meiner Odyssee zu berichten, von den vielen Stationen, wo ich mein Moped vermutete und es doch nicht auf mich wartete. „Ich denke, es gibt nur mehr zwei Möglichkeiten, die in Frage kommen, wo ich sie stehen gelassen haben könnte, entweder in der Oase oder bei Miss Poldi Fletzer in Rosenau!"

„Komm i helf da suchen, zusammen find mas sicha!", beruhigte mich Geggi.

Wir sattelten auf und fuhren der Oase entgegen, doch als wir uns einparkten war auch hier keine Spur vom Moped.

Bei einem weiteren Colarot an der Bar gab ich langsam die Hoffnung auf, meine Honda jemals wiederzufinden. Alle Hoffnung weilte nun bei Frau Poldi in Rosenau. Ja, Gott meinte es nicht gut mit mir. Frau Poldi bestätigte zwar meine gestrige Anwesenheit, aber räumte auch ein, dass ich danach mit dem Bike wieder abgedampft war. Tief bedrückt saß ich mit Geggi an der Bar. Wir hatten keine Idee mehr, wo wir noch suchen könnten. Schwer gezeichnet von Trauer und auch von vier Krügerln, drei Krug Colarot und der anscheinend schlimmen Nacht zuvor, schlug ich Geggi vor, mich nach Hause, zu meinem Nachbarwirten, zu bringen, wo ich schlussendlich den Diebstahl meines Bikes runterspülen wollte. Auch Geggi war ratlos und erfüllte mir meinen letzten Wunsch des Tages.

Er schnallte mich auf seinen Sozius und brachte mich nach Hiesbach. Wir knatterten den Berg zum Brandi hinauf und als wir auf den Parkplatz einbogen, ich konnte meinen Augen nicht trauen, stand mein Liebling quer eingeparkt da. Ich sprang vom Sozius runter, lief hin zu meiner Kleinen und knutschte das verlorene Kind und umarmte sie freudig.

Zur Feier des Tages lud ich Geggi ein, mich noch auf einen Saft zu begleiten. Als wir die Gaststube betraten, grinste mir der Wirt schon schelmisch entgegen. Ich sah mich freudig um, an der Garderobe hing schön aufgehangen mein Helm und darunter mein heiliger Rapidschal.

„Na, wars gestern wieder eine etwas schwerere Nacht?“, fragte mich Hans, der Wirt. Bei einem Bacardicola wurde ich mal auf den neuesten Stand der letzten Nacht gebracht. Es gab viel Gelächter und auch einiges zum Schämen meinerseits, aber das ist eine andere Geschichte. Ich war nur glücklich, mein heiliges Moped wiederzuhaben. Trotz aller Freude stand mein Bike noch eine Nacht am selben Platz, denn vor lauter Freude konnte ich mein Moped nicht mehr besteigen und kugelte wieder mal zu Fuß nach Hause.

Echte Traditionen am Freitag

Man kann ja sagen, was man will, aber auch als Biker hat man Kultur und den Drang zur Tradition. So war es natürlich auch bei meinem Bikerbro Geggi und mir. Unser Kulttag war immer der Freitag, der uns immer um 19 Uhr zum „Schurlwirt“ ins Extrazimmer trug. Hier traf sich die Elite, sprich, Musik- und Gemütlichkeitsfanatiker. Hier stand „die“ Musikbox des guten Geschmacks, eine Legende weit und breit. Bap, Toto, Foreigner, Stones und da „Schnee Sep“ also Joe Cocker, um nur einige zu nennen. Es war auch saisonbedingt immer ein Mottofreitag. Im Herbst begann es mit den stürmenden Freitag, das waren die Freitage, wo nur Sturm in aller Munde war. Dann gab‘s das „Bock passen“, da wurde nur weihnachtliches Bockbier eingeschüttet. Begonnen hat alles immer bei mir zu Hause. Aufhübschen, schnäuzen und kämmen, soll heißen Jeans, Lederjacke samt Kutte, an Moschus brutal aufgetragen und ab auf die Piste. Natürlich ging‘s an solchen Tagen immer zu Fuß ins Verderben.

Pünktlich um achtzehn Uhr machte ich mich auf den Weg zu Geggi. Treffpunkt war bei ihm zu Hause und dann gingen wir gemeinsam nach Kematen. Bei unseren freitäglichen Wanderungen wurden üblicherweise tiefgründige Gespräche geführt, allein das war so ein Freitag schon wert. Meist gegen neunzehn Uhr kamen wir bei Schurl an, bestellten sogleich unser Themensaftl und wechselten auch gleich Kleingeld für die Musikbox, sollte ja für ein paar Stunden gute Musik reichen. Ich weiß, die meisten jungen Menschen von heute haben ja gar keine Ahnung mehr von solchen Abenden. Wir genossen den Abend, wo wir meist unter uns waren, genossen die geile Musik und arbeiteten bei ein paar Drinks alle möglichen Themen auf. So gegen Mitternacht wanderten wir dann ein paar Häuser weiter zu Ossi in die Kellerbar, da trafen wir meist die anderen unserer Gang, meist zum Kegeln oder einfach nur zum Blödeln.

Wo ist Opa? Die MC17er.

Es war ein schöner Donnerstagabend. Nichts ahnend machte ich mich nach der Arbeit frisch und glühte so wie fast jeden Tag nach Kematen zu Ossi auf ein Feierabendbierchen. Ich warf meinen Hobel an und freute mich schon auf einen chilligen Abend. Doch als ich bei Ossi ankam, wusste ich noch nicht, was da noch auf mich zukommen würde.

Als ich wie gewohnt die Tür zum Gastzimmer aufriss und mich wie immer freundlich ankündigte, hörte ich nur einen Gast rufen: „Das ist Günter, den suchen wir schon ganze Woche!“

Ich war perplex, ich wusste nicht, dass jemand tagelang auf mich warten würde. „Ach, du bist Günter?“, lachte Ossi. „Du verkehrst hier schon ein paar Jahre und ich kenne dich nur unter Opa! Da, die Jungs sind schon seit Dienstag jeden Tag da und fragen immer nach dir!“

Ich musste innerlich über Ossis Unwissenheit lachen, begab mich gleichzeitig aber auch an den Tisch, wo mich zwei Biker schon von weitem angrinsten. „Endlich bist du da!“, sagte der eine. „Wir wussten von einem Freund nur deinen bürgerlichen Namen und dass du eigentlich jeden Tag hier verkehrst!“

Lachend setzte ich mich und hatte dabei fast Mitleid mit ihnen. „Jaja, an und für sich bin ich wirklich täglich hier anzutreffen, doch diese Woche war einfach noch keine Zeit für's Schöne. Aber was verschafft mir die Ehre, von euch schon tagelang erwartet zu werden?“

„Wir sind Mitglieder des MC 17er aus Euratsfeld und wir wussten von einem Kollegen, dass du Beziehungen zu vielen Bikern hast. Der legendäre 01. Mai zum Beispiel, da sind anscheinend ja immer viele dabei gewesen. Und das ist auch der Grund für unseren Besuch. Ein Clubmitglied heiratet und wir wollen ihn mit einem anständigen Motorradspalier überraschen. Das Problem ist, wir sind nur ein paar Biker und das sieht nicht gut aus, also dachten wir, dass du uns vielleicht einige Biker organisieren könntest, die uns unterstützen möchten."

Natürlich war ich auch gleich dafür, ich half ja schon immer gerne und wenn's ums Organisieren geht, dann sowieso. „Wann soll die Hochzeit denn sein?", fragte ich.

„Nun ja, da wäre dann unser kleines Problemchen, am kommenden Samstag!"

Kurz hatte ich einen Anflug der Bestürzung. „Das sind doch nur zwei Tage Zeit mit jetzt eingerechnet, da kann ich aber nicht versprechen, ob ich da eine anschauliche Menge an Motorrädern aktivieren kann!"

Sie waren der Meinung, dass ich das schon schaffen würde. „Ach übrigens", sagte der eine, „der Brautvater ist ein absoluter Bikergegner, also können wir dir nicht versprechen, dass alles rund abläuft. Wir wollen ja nur den größten Wunsch unseres Kumpels erfüllen, der träumte immer von einer Bikerhochzeit!"

Ich grinste und bemerkte: „Ich werde mein Bestes geben und so viele wie möglich organisieren, alleine um dem Brautvater eins reinzuwürgen."

Wir berieten uns noch über Ort, Zeit und Ablauf der Hochzeit und dann verließen mich die beiden auch schon wieder.

Wie mach ich das bloß, schoss es durch meinen Kopf, in eineinhalb Tagen etwas Ansehnliches auf die Welt zu bringen. Der Vorteil war ja, dass heute hier unser Clubabend stattfand und ich wie üblich ein volles Haus erwartete. Schon kurze Zeit später trudelten schon die Ersten ein und alle, die ein Bike besaßen, wollten auch gleich mitmachen und mich bei der Suche nach Unmengen von Bikern zu unterstützen. Jeder von uns leistete seinen Beitrag und sogar benachbarte Clubs wurden besucht, um zumindest ein paar dazu zu bewegen, uns zu der Hochzeit zu begleiten.

Für all meine jungen Leser sei mal erklärt: So ein Vorhaben war eine Herausforderung. Wir hatten damals kein Handy wo man jeden zu jeder Zeit erreichen konnten. Es gab Festnetz und Bikerpostkutschen, sonst nix!!

In der Nacht von Freitag auf Samstag konnte ich vor Aufregung kaum schlafen. Es schossen mir alle möglichen Gedanken durch den Kopf: Kommen wenigstens ein paar Biker? War ja ziemlich kurzfristig alles … Werden wir vom Brautvater und der übrigen Feiergemeinde überhaupt geduldet? Ja, es ging mir viel durch den Kopf, das mir den Schlaf raubte, war aber auch gut so, denn es kam nie gut, wenn man in der Bar einschlief.

Am Samstagmorgen war es dann soweit. Wir Ochtahoiwa trafen uns gegen 11 Uhr bei Ossi und schmiedeten noch schnell einen passenden Einsatzplan und machten uns dann auf den Weg nach Allersdorf, wo die kirchliche Trauung um 13 Uhr stattfand.

Als wir eintrafen, waren schon alle Gäste in der Kirche, nur ein paar 17er standen nervös vor der Kirchentür. Sie stellten gerade ihre Bikes an beiden Seiten der Kirchentür auf, als wir eintrafen. Man sah ihnen die Freude an, als sie bemerkten, dass immer mehr mit bunten Bändern geschmückte Öfen eintrudelten und sich an beiden Seiten der Pforte aufstellten. Als die Messe endete und die ersten

Fotografen aus der Kirche kamen, warfen wir unsere Mopeds an. Als das Brautpaar aus der Kirche trat, gab's ohrenbetäubenden Krawall der aufheulenden Motoren dass einige der Gäste ängstlich die Köpfe einzogen. Voller Freude und überwältigt schritt das Brautpaar unter Dauerregen von Reiskörnern durch die Reihen der Mopeds. Das Strahlen des Bräutigams war auch kaum zu übersehen, denn er hatte nicht gewusst, dass ihn vor der Kirche so viele Biker erwarten würden.

Als das Gratulieren und das Bewundern der polierten Mopeds ein Ende fand, stellten wir den Korso zusammen, am Anfang das Auto mit der Blasmusik, danach wir Biker in Zweierreihen, gleich dahinter das Brautauto und hinterher der Rest der feiernden Gesellschaft. Gemütlich ging's dann hupend über Land ins Hotel Kotmühle, wo dann der Empfang stattfand. Wir führten die Gäste wohlbehalten zum Lokal. Dort angekommen suchte jeder einen Parkplatz, wir Biker machten uns genüsslich ein Zigarettchen an und beratschlagten, was wir mit dem angebrochenen Nachmittag noch anstellen könnten. Als wir so gemütlich dastanden, kam plötzlich ein 17er mit einem Mann in feinem Zwirn auf uns zu. „Hey Opa!" sagte der Biker, es war einer der beiden, die mich Tage zuvor gesucht hatten. „Das ist der Brautvater, der wollte unbedingt mit dir sprechen!"

Ich sah ihn verdutzt an und fragte, ob er nicht glücklich war über unsere Anwesenheit. Er lächelte mich gerührt an und erzählte: „Eigentlich wollte ich nicht, dass Motorradfahrer an dieser Hochzeit teilnehmen, da ich einige schlechte Erfahrungen mit ihnen hatte. Aber ab heute hat sich meine Einstellung verändert. Durch eure Anwesenheit, der tollen Organisation und eurem Spaß, den ihr verbreitet habt, habe ich ein neues Bild von euch bekommen. Ihr habt das heute echt toll gemacht und darum möchte ich euch gerne hier und jetzt einladen, ein Fass Bier geht auf meine Rechnung!"

Ich lächelte ihn an und bedankte mich für die Bierspende. „Ich denke die anderen werden sich freuen und gerne mitkommen, doch ich muss draußen bleiben, denn ich habe seit einigen Jahren Lokalverbot auf Lebenszeit, da ich mal mit Cheffe ein kleines Problemchen hatte!"

„Das regle ich schon!“, sagte der Brautvater, verschwand kurz im Gasthof und nach ein paar Augenblicken kam er wieder an und holte mich rein. Alle meine Kumpels gingen schon mal voran und ich trottete hinterher. Als ich am Wirt vorbeikam, der alle Gäste persönlich begrüßte, sah ich schon, dass er mich am liebsten gleich wieder rausgeschmissen hätte. Aber egal, alle hatten Spaß und dabei auch was zu trinken. Nach zwei Stunden etwa reichte es und wir verabschiedeten uns beim edlen Spender.

Als wir zu unseren Bikes gingen, sahen wir etliche Menschen, die die Straße entlang gingen und unsere Mopeds bewunderten. Mit einigen wechselten wir noch ein paar Worte, während wir uns fertig machten. Einer nach dem anderen startete seinen Ofen und wollte wegfahren. Da wir an einer ansteigenden Straße standen und wir den Berg wieder runter mussten, kehrten schon einige um. Etwas vor mir wendete ein Motorrad und wie es der Teufel haben wollte, kippte das Bike, weil der Lenker auch nicht der größte war, und er legte sich auf die Schnauze. Gerade als das passierte, standen zwei ältere Damen neben mir und wie auf Knopfdruck kam die Meldung. „Is e klar, lauter wilde Hund und dann könnens ned mal a Motorradl lenken!“

In diesem Moment fing der gefallene Biker an zu fluchen und zu schreien, worauf die Damen feststellten, dass der wilde Hund eine zarte Frau war. Tja, da waren sie dann auch schon wieder ruhig. Merke: Es ist nicht alles, wie‘s scheint, es kann auch ein wilder Hund ein bemerkenswerter Mensch sein.

Wahre Freunde mit Krücken

Das Leben ist manchmal sehr hart und genau in diesen harten Zeiten ist es wichtig, gute Freunde zu haben. Ja, ich bin so ein Glückspilz. Ich habe gute Freunde, die mich umsorgen und mich bei Laune halten. Von einem dieser guten Geister will ich dir nun erzählen.

Ich kam gerade aus dem Krankenhaus nach Hause. Es war wieder mal eins meiner Knie kaputt und mein Bein war bis fast zur Hüfte mit einem Liegegips bestückt. Ich war froh, endlich wieder zu Hause zu sein, in meinem eigenen Bett zu liegen, Fernseher an und relaxen.

Gleich am Abend schellte es dann an der Türe und oh, welch Freude, mein erster Krankenbesucher. Es war mein Kumpel Stoff. „Hey, wie geht's dir, Alter? Ich dachte, dir ist langweilig im Krankenstand, da hab ich mir gedacht, ich hol dich ab und wir fahren zu Ossi!"

Ich sah ihn entgeistert an und klärte ihn auf, dass ich erst vor drei Stunden aus dem Krankenhaus entlassen worden war, ich einen Liegegips und Bettruhe hätte. Außerdem wäre ich noch etwas schwach auf den Beinen bzw. den Händen und den Krücken noch nicht 100% gewachsen.

„Macht ja nix", entgegnete Stoff. „Zu Ossi fahr ma eh midn Auto und die paar Schritte ins Lokal schaff ma schon zusammen."

Ich bin ja ein Mensch mit eigenem Willen und was ich nicht tun will, das mach ich auch nicht. Also saßen wir schon kurze Zeit später in seinem Golf und ritten in Richtung Ossi. „Wir bleiben aber nicht lange, maximal zwei Stunden!" Mein guter Freund versprach es mir und schon kamen wir an. Trotz allem hatte ich aber kein gutes Gefühl.

Dort angekommen quälte ich mich aus dem Auto und raste mit meinen Krücken zum Eingang. Angetrieben von Stoffs Anfeuerungen wie z.B. „na du Schnecke, früher warst auch schon mal schneller" und „jetzt versteh ich, warum du immer so lang beim Wirt sitzt, du kommst ja immer so spät!" … tja, und so ging's mal ne Weile.

Irgendwie war's ja hier lustiger als zu Hause im Bett, doch nach einiger Zeit begann mein Knie wieder zu toben und nach Intervention meinerseits und der Bitte, doch endlich nach Hause zu fahren, war Stefan so freundlich und hob mein Bein auf einen Sessel zwecks hochlagern und bemerkte dazu: „Suder ned, wird glei wieder besser!" und das war's wieder mit der Fürsorge. Als ich nach etwa einer Stunde mal wieder wegen anhaltender Schmerzen eine Meldung machte, sagte er bloß: „Wir fahren e gleich, aber in die Kellerbar geh ma schon noch an Sprung!"

Grad ausgesprochen war er auch schon weg. Naja, eines wird schon nicht schaden, dachte ich und folgte ihm auf dem Geländer nach unten gleitend. Ahaaa, nun sah ich, warum das nach Hause fahren mal total vergessen wurde.

In der Kellerbar saß Trixi, ein Mädl, auf das Stefan voll stand, und heute war es wieder soweit, er bezirzte sie mit seinem betörenden Charme und seinem bereits in die Höhe geschnellten Promillepegel.

Nach weiteren zwei Stunden in der Bar reichte es mir und ein letztes Mal nervte ich Amor beim Abschuss seiner Liebespfeile: „Alter, ich kann nicht mehr, bring mich endlich nach Hause!"

„Ok!!", sagte er. „Ich trink noch schnell aus und dann fahr ma!"

„Ich geh dann mal voraus, ich brauche ja sowieso länger, wir sehn uns dann oben!“

Stoff nickte und ich machte mich auf den beschwerlichen Weg nach oben die Stufen hinauf. Oben angekommen dachte ich, ich brauche mindestens ein Sauerstoffgerät. Quälte mich raus auf den Parkplatz und rauchte mal eine, inzwischen würde ja wohl mein Chauffeur mal auftauchen. Ok, ausgeraucht, soll mich doch am Arm leben, ich geh mal ein Stück, er wird ja e gleich mal auftauchen.

Ich ging schon ein ganzes Stück, als ich hinter mir ein Auto hörte. „Na endlich kommt er!“, dachte ich erfreut. Doch das Auto fuhr an mir vorüber. Langsam wurde ich schon etwas wütend. Die erhellte Straße des Ortes hatte ich schon hinter mir und es war rundherum dunkel, war ja auch schon Freiland. Ich war schon fast am Ende mit meinen Kräften, doch die Wut im Bauch ließ mich immer weiter gehen. Ich kam an die Abzweigung am Haidhof, weit und breit immer noch kein Stefan.

Ich humpelte den Ybbsberg hinunter, an der anderen Seite des Flusses wieder hoch und noch immer kein Stoff in Sicht. Na Hauptsache, seine Hormone ham an Spass, dachte ich schon etwas verstimmt. Es wurde schon wieder heller, ich kam an die Straßenbeleuchtung Kröllendorfs. Ich hörte auch kaum mehr ein Autogeräusch, zu dieser Zeit fuhr ja auch kaum jemand auf diesem Weg. Plötzlich, ich war schon fast am Fuße des Berges der alten Obstverwertung, da hörte ich ein Motorengeräusch, ich drehte mich um und jaaa, es war im Laternenlicht ein ockerfarbener Golf zu erkennen. Als er näherkam, erhob ich meinen geschundenen Körper, machte ein richtig, ein wirklich richtig böses Gesicht, damit er gleich mal sieht, wie glücklich er mich mit dem heutigen Ausflug machte. Ich legte mir schon ein sehr böses Referat zurecht, das ich ihm beim Einsteigen sofort an den Kopf knallen würde, aber … er sah mich nicht und bretterte keinen Meter von mir entfernt vorbei. Mann!!! Will mich der Kerl verarschen?

Ich ergriff meine Krücken mit festem Griff, mobilisierte meine letzten Kräfte und rannte den Berg hoch. Nach so zweihundert Metern Krückensprint verließen mich meine Kräfte und ich gab auf. Plötzlich sah ich an der Kreuzung einen Lichtschein. Ja, es war Stefan der nach Hiesbach gefahren war, mich nicht gefunden hatte und nochmals die Strecke zurückfuhr. Ja, er bog auch in meine Richtung ab. Super, ich war gerettet, dachte ich. Er kam direkt auf mich zu und plötzlich, so zwanzig Meter vor mir, brachte er seinen Golf zu stehen. Jaaa, er hat mich gesehen, dachte ich. Doch nein, er legte den Rückwärtsgang ein, schob retour in eine Hauseinfahrt und fuhr wieder nach oben.

Ja ist denn der Kerl blind!, schrie ich innerlich. Er fuhr wieder auf die Kreuzung, bog wieder in meine Heimat ab und weg war er wieder. Ich verkrampfte mich in meine Krücken, rannte wirklich nur mehr ferngesteuert hoch zur Kreuzung und als Stefan wieder angerauscht kam, sprang ich mitten auf der Kreuzung vor sein Auto, mir war zu dieser Zeit alles egal.

Er bremste sich ein und ich riss sofort seine Beifahrertür auf und ungebremst flogen ihm meine frustrierenden Worte entgegen. Ich fragte ihn, ob er mich unten am Fuße des Berges nicht stehen gesehen hätte? Seine Antwort machte mich sprachlos. „Klar hab ich dich gesehen, ich wollte dich nur etwas verarschen!“, lallte er.

Wortlos stieg ich ein und wir fuhren Richtung Heimat. Auf dem Weg nach Hause war eine längere Gerade und am Ende davon eine sehr starke Linkskurve. Kurz vor der Kurve dachte ich mir: Warum bremst Stefan nicht, der bremst ja wirklich nicht! Ich schrie ihn an und plötzlich riss es ihn, er machte eine Notbremsung und konnte gerade noch die Kurve kriegen. Mich traf fast der Schlag und er sagte nur: „Was schreist denn so, ich hab's ja e gesehen!"

Ich konnte es nicht glauben, war dann aber auch froh, als wir in die heimatliche Einfahrt einbogen. Ich stieg aus dem Auto aus, verabschiedete und bedankte mich bei Stefan für den schönen Abend und wünschte ihm noch ein gutes unfallfreies Heimkommen. Ich schleppte mich noch in den ersten Stock, fiel in mein Bett und hoffte, dass bei Stefan noch alles gut gehen würde. Danach schlief ich erschöpft ein und war froh, dass ich diesen Abend überlebt hatte.

Kreuzstöcklberg

So mein lieber Leser, nun mal ein Kapitel, worauf ich nicht stolz bin, aber es ist eben auch ein Ereignis, das zu meinem Leben gehört.

Es war Sommer, war im Prinzip ein Tag wie jeder andere. Er sollte mein Denken und Handeln stark verändern und meinen Glauben an Glück und Schutzengel stärken. Es war ein Freitag und da diese Woche für mich etwas beschissen lief, beschloss ich mit meiner Honda noch eine kleine Runde zu ziehen um den Kopf frei zu kriegen. Zum Abschluss fuhr ich noch auf den Sonntagberg und legte mich an meiner Lieblingsstelle ins Gras, steckte mir einen Grashalm zwischen die Zähne und beobachtete am Himmel die vorbeiziehenden Wolken. Normal konnte ich so immer abschalten, danach meine Gedanken neu ordnen und in gewohnter Frische in meinen Alltag zurückkehren. An diesem Tag schien es aber, als könnte ich meine beschissensten Gedanken einfach nicht loswerden, im Gegenteil, meine Gedanken wurden immer dunkler. Tod, Trauer und Teufel brachte ich nicht mehr aus meinem Kopf. Es machte mir Angst, denn es war nicht das erste Mal, dass mich solche Gedanken quälten und nicht mehr losließen. Danach passierte immer etwas Böses, wo ich nie wusste, wo und wann genau. Ich versuchte diese Gedanken so schnell als möglich zu verdrängen, sprang auf und bewegte mich Richtung Kematen.

Noch etwas verstört kam ich bei Ossi an, schlenderte gedankenversunken ins Lokal und setzte mich wortlos an die Bar. Maria, die Kellnerin, stellte mir ohne zu fragen einen

Diesel vor die Nase und sah mich an. „Opi, was ist los, du gefällst mir heute gar nicht!“

Ich sagte einfach, dass ich nur schlecht drauf bin, denn ich wolle die Wahrheit einfach niemandem erzählen. Wenn man solche Gedanken hat, wird man ja mal gleich als verrückt abgestempelt. Ich saß eine gefühlte Ewigkeit alleine am Tresen, als es mir endlich etwas besser ging. Ich denke, es lag an den drei Dieseln die ich bereits intus hatte. Irgendwie fühlte ich mich an diesem Tag alleine, es war schon acht Uhr abends und noch ließ sich keiner meiner Brüder blicken.

Nachdem ich ausgetrunken hatte, schwang ich mich aufs Moped und fuhr mal zum „Schurl“, vielleicht war ja da jemand brauchbarer zum Blödeln. Als ich ankam, waren bloß die üblichen Verdächtigen anwesend. An der Bar traf ich auch Jul, wenigstens einer der Sufffraktion, mit dem ich reden konnte. Bei einem Colarot erzählte ich ihm, dass keiner meiner Jungs zu finden sei. „Die sind doch alle beim Bierzelt in Biberbach!“

Na klar, das war ja eine ausgemachte Sache, dass wir dort mit unserer Anwesenheit glänzen wollten.

Nach ein paar Worten Smalltalk machte ich mich dann auch auf den Weg nach Biberbach. Dort angekommen war schon die volle Action, das Zelt war voll und die Stimmung schon am Höhepunkt, als ich eintraf. Ich trank ein paar Bierchen und um nicht den Überblick zu verlieren, habe ich alle leer getrunkenen Gläser an meinen Karabiner und meinem Hosengurt geschnallt, das war so eine blöde Angewohnheit von mir.

Auf einmal, es wird so gegen ein Uhr nachts gewesen sein, wollte ich einfach nur mehr weg von diesem Fest, keine Ahnung, wieso. Ohne Worte verließ ich fluchtartig das Zelt. Als ich schon etwas taumelnd an meine Honda kam, bemerkte ich erst, dass ich noch die Bierkrüge am Gürtel hatte. Scheiß drauf, ich geh nicht mehr zurück, dachte ich, rein in die großen Packtaschen und Abflug. Eigentlich wollte ich nach Hause, aber irgendetwas trieb mich noch ins „GIG“ nach Aschbach. Im Nachhinein betrachtet wäre es besser gewesen, ins Bett zu gehen, denn abgefüllt war ich schon genug. Mein Moped stellte ich direkt neben dem Eingang ab. Ich schlenderte durch die Disco, hörte ein paar Songs zu und als es dann gar zu poppig wurde ging ich durch zum Heurigen. Ich dachte, ich trink noch schnell einen Spritzer und dann hau ich ab. Als ich so mit dem Glas in der Hand meine Blicke durch die Menge gleiten ließ, sah ich plötzlich Jul auf mich zukommen. „Na, hast deine Jungs ned gefunden?“, lallte er.

„Sicher doch, aber ich wollte eigentlich nach Hause und dachte mir, ich trink hier noch schnell an Absacker.“

Er grinste und meinte, ob ich ihn mit nach Kematen nehmen könne, wenn ich fahre.

Das war natürlich kein Thema für mich. „Ich hoffe, du hast an Helm a mit!“, bemerkte ich.

„Na, hab i ned!“, sagte er.

„Ohne nehm i di aber ned mit, des is zu gefährlich!“, sagte ich. Nach einigem Hin und Her hat er sich einen Helm ausgeliehen und wir ritten Richtung Kematen.

Leider war ich zu dieser Zeit schon etwas über meinem üblichen Alkoholzenit und ich wurde übermütig, was ich sonst nie war. Wir knallten aus dem Ortsgebiet raus und fegten über die Landstraße. An der Höfinger Kreuzung, beim Feuerwehrdepot, bogen wir Richtung Kematen ab und dann ging‘s nur mehr in den roten Bereich. Weil’s ja so lustig war ignorierte ich auch die Stopptafel an der nächsten Kreuzung so mit 120 Sachen. Danach durchfuhren wir zwei kleinere Hügel, wo wir beim ersten fast abhoben und beim zweiten so mit 170 wirklich abhoben und am linken Straßenrand landeten, weil der Hügel über eine leichte Rechtskurve führte. Ich versuchte die Honda noch nach rechts zu ziehen, dabei kamen wir auf Split und das Hinterrad rutschte weg. Wir klatschten auf der rechten Körperseite auf und ich sah nur mehr, wie vor mir meiner Honda durch die Luft wirbelte und hinter mir nur Funken meiner Nieten in der Kutte flogen. Es fühlte sich ewig an, bis ich endlich zu liegen kam und es ruhig wurde.

Ich versuchte aufzustehen und als ich spürte, dass noch alles funktionierte war ich im ersten Moment so was von glücklich, das war unbeschreiblich. Doch auf einmal verflog alles, die Promille und das Glücksgefühl, dass ich das heute überlebt hatte. Meine Gedanken überschlugen sich, ich hatte doch Jul mit am Sozius, wo ist er? Lebt er noch? Ein kalter Schauer zog über meinem Rücken. Ich hoffte, dass er wenigstens noch am Leben wäre. Weil es so dunkel war und ich nichts sah, begann ich nach ihn zu rufen: „Heey Jul, lebst du noch?!!“

„Ich schon, und duu?“, schallte es aus einiger Entfernung aus der anliegenden Wiese. Mann, war ich erleichtert. Er stapfte auf mich zu und als wir merkten, dass wir Gott sei Dank keine schwerwiegenden Verletzungen davongetragen hatten, hatten wir auch schon wieder Spaß an der Sache. Wir suchten mal im Schein des Feuerzeugs mein Moped und als wir es fanden, lehnten wir es an einen Baum neben der Straße, damit es keiner überrollen würde.

Ich war nur froh, dass ich in der Dunkelheit nicht sehen konnte, was sie abgekriegt hatte, mir wären da wohl schon die Tränen gekommen. Als wir das meiste von der Straße entfernt hatten, wollten wir gerade nach Kematen aufbrechen, als plötzlich ein Auto auf uns zukam und neben uns stehen blieb. „Wo wollt ihr denn hin?", fragte die Beifahrerin.

„Wir wollen bloß zum Schurl. Wenn ihr uns bis dahin mitnehmen könnt, wäre das schon eine super Sache!"

Sie ließen uns beim Schurl aussteigen, aber da war es schon dunkel im Gastzimmer, so einigten sich Jul und ich, dass wir uns bei Ossi in der Bar noch eins reinziehen könnten. Als wir in die Kellerbar kamen, hatte blöderweise Ossi selber Dienst an der Bar. Als er uns sah, fing er auf einmal an zu toben: „Ihr könnt da nicht rein, ihr Verrückten, schaut mal wie ihr ausseht, ihr macht mir doch die ganze Einrichtung blutig!"

Ok, dachten wir, gehen wir eben rüber zum Nachbarhaus, da ist der Rettungsstützpunkt. Die sollen uns ein Pflaster geben und dann geh ma nochmal in die Bar, einen heben.

Kurz darauf läuteten wir an der Tür der Station. Ein netter Sanitäter machte uns auf und fragte nach unserem Begehr. „Wir brauchen kurz mal a paar Pflaster, damit uns Ossi wieder in die Bar lässt!"

Der Sani musterte uns und bemerkte: „Da werden unsere Pflaster aber nicht reichen, ich denke wir bringen euch lieber ins Krankenhaus!"

Wir konnten das kaum verstehen, wir hatten ja fast nix. Im Krankenhaus ging's dann zur Sache, da sahen wir erst, was wir wirklich abbekommen hatten. Jul hatte nur eine Jeansjacke an, die bestand nur mehr aus Frontteil und

Schultern, der Rest aus blutigen Händen, die Hose war auch nur im Wadenbereich etwas heil und der Bund hatte sie noch oben gehalten, sein Hintern war freigelegt und sah auch irgendwie komisch aus. Jul war der Erste am Opfertisch, er lag erst auf dem Bauch und es wurden zuerst kleine Splitsteinchen aus dem Arsch gezogen und verbunden. Danach dasselbe aus seinen Unterarmen. Ich hatte da mehr Glück, ich hatte keine Steinchen im Arsch, dafür an den Handballen jede Menge. Als wir endlich fertig waren, wurden wir von den netten Sanis nach Hause gebracht, war uns auch lieber, denn plötzlich kamen auch die Schmerzen.

Trotzdem waren wir beide überglücklich, an diesem Tag noch zu leben, hätte schlimmer ausgehen können.

Am Morgen schwang ich mich dann auf mein Mofa und fuhr mal nach Kematen zur Polizeiwache und machte eine Selbstanzeige. Ich wollte zumindest den rechtlichen Schaden so gering als möglich halten. Zu dieser Zeit war ich ja auch gerade beim Bund. Ich läutete ganz brav an der Tür der Polizei und als ich eintrat, sah ich einen alten bekannten Polizisten, bei dem ich schon des Öfteren ein Diktat ansagte. Er nahm meine Aussage auf und meinte, dass wir uns die Unfallstelle auch mal ansehen sollten, um Fotos für die Schadensakte zu machen.

Ich packte mich auf den Beifahrersitz des Streifenwagens und schon waren wir am Ort des Geschehens.

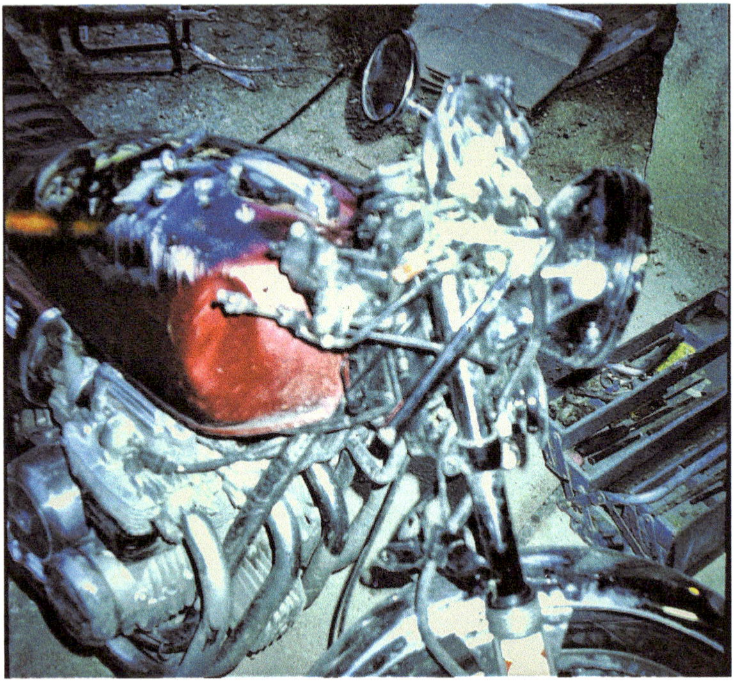

Wir stiegen aus und sahen die Bescherung. Meine Honda stand noch immer brav an den Baum gelehnt. Der Polizist sah mich ungläubig an und meinte bloß „Und du bist dir da sicher, dass du nur 100 gefahren bist?“

„Könnten auch 110 gewesen sein, so ganz genau kann ich das nicht mehr sagen!“, erklärte ich.

Er schüttelte nur den Kopf und machte sich Notizen. Ich sah mir inzwischen mal meine Honda an und ich konnte es nicht fassen, meine Liebe so sehen zu müssen. Als ich schon mal zusammenrechnete, was das wieder alles kosten könnte, bemerkte ich meinen Tacho, bei dem das Glas kaputt war. Die Nadel war bei 175 eingeklemmt, zum Glück hab ich dass noch bemerkt und konnte dies schnell korrigieren. Dann sah ich mir die Spur der Verwüstung selber an und war erstaunt, was 240 Kilo japanische Gewalt so anrichten konnten. Gleich nach dem Hügel sah man tiefe Furchen der Fußrasten, es folgte ein ebenplanierter Kieshaufen, danach ein abgeschälter Zwetschkenbaum und so nach fünfzehn Metern, wo zuvor das Motorrad zu liegen kam, da sah man nur noch einen Ölfleck. Der Officer meinte bloß: „Habt's mächtig Glück gehabt, ihr beiden!"

Ich nickte und damit war der Lokalaugenschein beendet und ich brauchte nur mehr auf Post von der Staatsanwaltschaft warten.

Etwas frustriert kam ich danach nach Hause und wurde gleich von meiner Mutter empfangen. Sie meinte: „Du sollst auf den Polizeiposten kommen und deinen Führerschein mitbringen!"

Ich war verwirrt. „Ich komme ja gerade von da!"

Sie meinte nur dass die Polizei Ulmerfeld angerufen hätte. Ich dachte bloß, warum die? Kann doch nichts mit dem Unfall zu tun haben. Also startete ich mein Mofa nochmals und fuhr nach Ulmerfeld. Als ich eintraf grüßte ich freundlich und stellte mich vor: „Hallo, ich sollte mich hier melden, was gibt's?"

Der Beamte grinste mich blöd an, ging zu seinem Schreibtisch und schmiss mir ein Foto vor die Augen mit den Worten: „Sind Sie das auf dem Foto?"

Ich sah es mir genau an. Es war ein Foto von mir von hinten in einer Rechtskurve, das Knie am Boden, der Rücken strahlte von meinen 621 Nieten in der Kutte und das Kennzeichen war auch sehr gut ausgeleuchtet. Am Bild, Mitte oben, sah man zwei runde Anzeigen, die eine zeigte 70 und die andere 143 km/h. Es schien wohl ein Radarfoto zu sein, na super, auch das noch, passt wieder alles zusammen heute. Nach meiner Bestätigung meinte er nur blöd grinsend: „Sie bekommen diesbezüglich noch Post von uns."

Ich verabschiedete mich grummelig und ging. So stellt man sich einen erfolgreichen Tag vor, danke!

Der Fall Zwiebel

Es war wieder mal Training in Fuzzis Pumperstube. Nach der Pumperei gingen wir zum benachbarten Gasthof und füllten gleich wieder unseren Flüssigkeitshaushalt auf. Als wir so bei unserer Milch saßen, bemerkte Ernstl dass es ihn heute mal nach etwas Schärferem gustierte. Felix und Fuzzi stimmten ihm zu und schon stand neben unserer Milch auch ein Stamperl Wodka. „Nastrovje", und weg war das Ding. „Naja", bemerkte Fuzzi, „einer geht noch, oder?"
Klar ging noch einer und schon stand der nächste vor uns.

Als wir diesen auch geleert hatten, kam Ernstl wieder einmal die Idee für eine Wette. Er sah mich an und sagte grinsend: „Ich wette mit dir, dass du es nicht schaffst, fünfzehn doppelte Wodka in fünfzehn Minuten runter zu kippen ohne danach kotzen zu müssen!"

Schaff ich es, übernimmt er die Rechnung. Schaff ich es nicht, kann ich mir die russische Flut selber finanzieren. Da ich ja ein Ehrenmann bin, nahm ich die Wette an unter der Bedingung dass ich das Ganze am Tresen absolvieren durfte. Gesagt, getan, so standen wir an der Bar und vor mir stellte der Wirt fünf Gläser in einer Reihe gefüllt mit Wodka auf und war bereit die geleerten wieder aufzufüllen. Auf Kommando leerte ich einen nach dem anderen und der Wirt füllte brav wieder alle nach. Als ich meine fünfzehn hatte, bestellte ich, weil ich grad so in Schwung war, noch zwei Füllungen. Da staunten meine drei Kumpels. In nicht einmal einer Minute fünfzig waren siebzehn doppelte Verschwunden. Ich fühlte nichts, mein Magen und mein Gesicht waren auch Ok, also setzten wir uns wieder an den Tisch, tranken unsere Milch, bezahlten und machten uns auf den Weg zum Brandi nach Hiesbach, da wollten wir noch eine Runde zocken.

Als wir an unserem Stammtisch Platz nahmen und ich mir eine Frucade genehmigte, spürte ich ein äußerst komisches Gefühl aufsteigen. Ich trank mal von meinem Saft, weil ich dachte, es wird damit besser, aber eher nicht. Der Dunst in meiner Birne verstärkte sich sogar und bevor ich nochmal einen Schluck nahm, rief ich nur noch nach der Rechnung.

Die anderen sahen mich entgeistert an und wollten wissen, was mit mir los sei. „Ich hab vergessen, dass ich noch etwas erledigen muss, wir sehen uns morgen wieder!" Ich sprang auf und versuchte unauffällig, zur Tür rauszuhuschen. Ich ging raschen Schrittes den Hügel hinab nach Hause und spürte, wie ich immer mehr die Macht über meinen Körper verlor.

Ich sperrte noch meine Haustür auf, rannte die Treppe hoch und versuchte oben angekommen noch die hundertachtzig-Grad-Kurve in Richtung mein Zimmer zu kriegen. Am Kurvenausgang verlor ich dann leider komplett die Kontrolle, kam ins Straucheln, wollte mich mit der rechten Hand an der Wand noch abstützen, doch leider griff meine Hand ins Leere. Kurz zur Erklärung: Zu jener Zeit wurde bei uns gerade umgebaut und es fehlten da und dort auch mal ne Türe, wie zum Beispiel auch hier. Also, ich verlor die Balance, wollte mich abstützen, griff also ins Leere und knallte zu Boden. In diesem Raum standen Kisten, voll mit Zwiebeln, und genau da lag ich drin. Ich versuchte wieder hochzukommen, doch ich schaffte es nicht mehr. Also krabbelte ich auf allen Vieren in mein Zimmer, um nicht noch einen Unfall zu erleiden. Endlich im Bett angekommen wollte ich nur mehr sterben.

Kurz vor Eintreten meines Todes ging dann auch noch die Tür auf und meine Mutter kam ins Zimmer und fragte mich ganz ungläubig: „Es ist erst halb acht, was machst du denn schon zu Hause und was war das vorhin für ein Krach?“

„Mir ist grad nicht recht gut. Ich glaube, ich werde krank und vorhin bin ich nur gestolpert. Ich denke, der Kreislauf oder der Blutdruck passen nicht.“

Grinsend verließ sie dann auch schon mein Zimmer. Ich denke, sie wusste was los war.

Der Sonne entgegen

Wie fast jedes Wochenende, an dem wir nicht auf einem Motorradtreffen waren, machten wir eine kleine Spritztour in der Umgebung. Wir trafen uns wie gewohnt bei Ossi und nach kurzem Beratschlagen wussten wir, dass wir mal wieder nach Lunz fahren könnten. Gemütlich fuhren wir durchs Erlauftal über den Grubberg nach Lunz zum See.

Natürlich, wann immer wir zum See kamen, mussten wir natürlich auch in See stechen. Wir kaperten uns ein paar Boote und ließen die Ruder qualmen, damit wir so schnell als möglich in die Mitte des Sees kamen. Warum? Des is a so! Weil wir ja nicht nur Piraten der Landstraße waren, sondern auch auf See, wurden natürlich auch in Lunz schwere Seegefechte ausgetragen. Außenstehende sahen schon von weitem, dass hier schwere Seegefechte stattfanden. Es wurde mit den Rudern herumgeschlagen und versucht die Gegner durch geschickte Manöver zu versenken. Es war wie im Film, mit viel Geschrei und wilden Gesten vermittelten wir dem zivilen Bootsverkehr, dass hier das absolute Kriegsrecht herrschte. Manche schüttelten verständnislos den Kopf, andere suchten ängstlich das Weite und wieder andere sahen dem Schauspiel amüsiert aus der Distanz zu und lachten sich zu Tode. Nach einer Stunde war dann der Spuk auch schon wieder vorbei. Sämtliche Piraten waren durchnässt und unsere Boote brachten wir nur mit Mühe an die Anlegestelle zurück, wo uns schon der nette Bootsvermieter mit hochrotem Kopf empfing. Irgendwie verständlich, wenn man vor der nächsten Bootsvermietung mal drei Boote, die kurz vor dem Absaufen standen, noch ausschöpfen musste. Wir verließen lässig und cool unter heftigen Beschimpfungen des Käpt'ns den Bootssteg und versuchten bei einem leckeren Eis mal etwas zu trocknen, bevor wir unseren Weg am Moped weiter fortsetzten.

Wir fuhren über Göstling und der großen Krippe nach Ybbsitz, wo wir uns mal beim „Taziwirtn" eine kleine flüssige Stärkung vergönnen. Weil wir mit dem Moped unterwegs waren, gab's natürlich nur eine Frucade. Wir ließen unser Seegefecht nochmal Revue passieren und lachten natürlich auch noch über den ziemlich erbosten Bootsverleiher. Nach viel Spaß und einer zweiten Frucade brachen wir wieder auf. Als wir aufsattelten, kam Stoff die glorreiche Idee, auf unserer Hausstrecke von Gstadt nach Opponitz noch ein kleines Rennen zu veranstalten. Alle hielten das für eine gute Idee zum Tagesausklang. Nur ich kam etwas später dazu und hörte nur mehr „Rennen zum Ausklang". Also schwang ich mich auf meine Honda und fuhr gemütlich bis zum Ortsende von Ybbsitz und dann, weil ich das Rennen ja gewinnen wollte, gab ich meiner Kleinen die Sporen. Es dauerte nicht lange und meine Freunde verschwanden im Rückspiegel. Irgendwie kam mir das verdächtig vor, normal war ich nie sooo viel schneller als andere, aber egal, ich ließ es krachen, schnappte mir eine Kurve nach der anderen.

Aber es kam ja, wie es kommen musste. Es war ja schon späterer Nachmittag und die Sonne stand schon ziemlich tief. Als ich mit einer Granaten Geschwindigkeit an eine scharfe Linkskurve kam, blitzte zwischen den Bäumen am Berg doch nochmal die tief stehende Sonne durch und knallte mir ins Gesicht. Damals hatte ich ein Visier am Helm, das ziemlich zerkratzt war, also blendete mich die

Sonne fürchterlich. Instinktiv riss ich das Visier hoch, doch es war zu spät. Als ich wieder etwas sah, war die Kurve auch schon da.

Ich versuchte mit einer extremen Schräglage noch durchzukommen, doch ich kam dabei schon etwas auf den Split, der am Straßenrand lag. Als ich ins Rutschen kam, musste ich meine Schräglage abbrechen und es kam, wie es kommen musste. Ich kam von der Fahrbahn ab, schüttelte noch einige Ästchen eines Birnbaumes, der in meiner Flugbahn stand, und nach einem ruhigen etwa drei Meter hohen und zwanzig Meter weiten Flug setzte ich etwas ruppig in Schräglage auf der darunterliegenden Wiese auf, die zum Glück ohne feste Gegenstände war, die mich vielleicht hätten verletzen können.

Während ich einerseits glücklich war, diesen Flug so halbwegs überlebt zu haben, war ich auf der anderen Seite ziemlich erzürnt, dass ich wieder einmal meine Kleine geschrottet hatte. Genau in dem Moment, wo ich mir meinen Helm vom Kopf riss und meine Handschuhe zu Boden warf, kamen oben an der Straße gemütlich meine Kumpels vorbei. Alle sahen im Vorbeifahren zu mir runter. Ich dachte mir, sie hätten mich trotzdem nicht gesehen, weil sie weiß Gott wann erst mal stehen blieben.

„Was is mit euch!“, schrie ich zu ihnen rüber. „Wolltet ihr ohne mich weiter, oder was??“

Nachdem sie sahen, dass bei mir alles in Ordnung war, schmunzelte Stoff: „Als ich dich sah, dachte ich, was macht der Trottel den da unten, bis ich merkte, dass du das bist.“

Gott sei Dank konnten wir gemeinsam da noch drüber lachen, es hätte ja viel schlimmer ausgehen können. Als wir gemeinsam dann mal meine Honda auf die Straße hochzerrten und den Schaden begutachten wollten, sahen wir, wie aus dem Haus, das in der Kurve etwas erhöht stand, ein Mann gerannt kam. Er sah uns am Straßenrand stehen und gleichzeitig sah er das Loch in der Wiese, das meine Kleine und ich ausgehoben hatten. Plötzlich hob er die Faust und schrie zu uns herüber: „Und dass ihr mir den Flurschaden ja wieder schön herrichtet, sonst zeige ich euch an!!"

Da riss Tempel-Jürgen dann doch der Faden und er schrie dem Bauern hoch: „Hey, du Arsch, wäre es dir lieber, wenn hier eine Leiche liegen würde? Also schleich di rein in dein Schuppen und hoid de Pappm!!"

Wütend und wortlos folgte der Bauer der Anweisung und verkrümelte sich. Nachdem wir uns alle wieder etwas beruhigt hatten, betrachteten wir mal mein Moped. Zum Glück war ja Schrattl mit. Sein geschultes Auge sah gleich, was zu machen wäre. „Vier Kühlrippen abgerissen, irreparabel, Blinker, Spiegel kein Problem, Lenker hab ich auch wo rumliegen (Anmerkung: da stand die linke Seite hoch wie ein Maibaum). Kupplungsgriff auch kein Problem. Den Tank werden wir etwas großzügiger kitten, dann fällt der Klatscher nicht mehr auf."

Nachdem wir den Schaden begutachtet hatten, war nur mehr das Problem, wie bringen wir die Honda nach Hause? Ich versuchte mal zu starten und tatsächlich, sie sprang sofort an. „Ich denke, ich werde so nach Hause fahren, funktioniert ja, und Rennen werd ma ja e keins mehr fahren heut."

Nach allgemeinem Gelächter und Zweifel, ob ich jemals unfallfrei nach Hause kommen würde, starteten wir die Motoren. Ich fuhr schon mal voraus und ließ es trotz Deformierung des Bikes krachen. Wir stellten die Honda zu Schrattl in die Garage und begaben uns danach zu Ossi und vergönnten uns ein Bierchen. Dabei erfuhr ich von Stoff ganz was Neues. Stoff erzählte von der Abmachung beim „Taziwirt" und dass wir erst ab Gstatt das Rennen beginnen hätten wollen. Ich erklärte ihm, dass ich es falsch verstanden hätte und dachte, dass das Rennen schon von Ybbsitz losgehen sollte. „Ahh, darum bist du so früh wie von der Tarantel gestochen abgeglüht!" Wir lachten und waren trotz Spaß froh, dass nicht mehr passiert war.

Sturm über Adele

Es war Herbst, die Blätter fielen schon von den Bäumen und … es war Sturmzeit. Eines schönen Nachmittags machten Stoff und ich noch eine kleine Spritztour ins Nirgendwo. Natürlich, wenn wir mal so dreißig Kilometer in einem Stück durchfuhren, machte sich auch bald mal Durst breit. Als wir in Steinakirchen ankamen, wollten unsere Bikes auf einmal nicht mehr weiter. Ja, wir waren vor der „Adele", dem Stammlokal der „Lone Wolfes". Wir wollten nur schnell mal ein Gläschen heben, doch beim Eintreten war schon klar, das wird nix! Einige der Wölfe hatten denselben Gedanken und schon wurde der erste Sturm probiert. Wir sprachen über ihr Wahnsinnsbikertreffen, unterhielten uns über Gott und die Welt und hatten viel Spass dabei. Das schlimme war, zu jedem Thema nahmen wir auch ein Gläschen Sturm und wir hatten viele Themen zu besprechen.

Als ich dann daran dachte, dass wir auch noch ein Stück nach Hause fahren sollten, bremste ich Stoff mal ein und erinnerte ihn daran, dass man nicht betrunken Motorradfahren darf! Wir erinnerten uns nur kurz daran, tranken noch eins und nach allgemeiner Verabschiedung bewegten wir uns zu den Mopeds. Ich merkte, wie Stoffel schon etwas übermütig war, und ermahnte ihn, dass er nur ja hinter mir nach Hause fahren sollte, denn auch wenn ich angesoffen war, konnte ich mich so weit beherrschen, dass ich gemütlich unterwegs sein konnte. Stoffel wusste das natürlich auch und wirklich, wir schwangen uns aufs Bike und er fuhr brav unter meiner Leitung Richtung Heimat.

Es klappte wunderbar, bis kurz nach Euratsfeld, da setzte auf einmal Stoffels Demenz ein und er konnte sich nicht mehr an meine Worte erinnern. An einem kurzen Bergaufstück sah ich ihn auf einmal im Rückspiegel größer werden und kurz danach war er auch schon an mir vorbei. An der darauffolgenden etwas längeren Abfahrt wollte ich ihn noch bremsen, doch es war zu spät. In der Senke des Hügels war eine ziemlich knifflige S-Kurve, die an der eingehenden Rechtskurve von einem ziemlich hässlichen Hügel flankiert wurde. Ich zügelte rasch mein stolzes Ross, als ich sah, dass sich die Kurve für Stoffel nicht mehr ausging.

Und wirklich, auf einmal löste sich Stoffels Moped auf und wie ein Rudel Sternschnuppen spritzte die Armaturenbeleuchtung auseinander und zerschellte am Hang.

Ich stellte mein Moped an der Abflugstelle Stoffs ab, rannte den Hügel hinauf und so fünfzehn Meter nach der Abflugstelle fand ich ihn röchelnd am Rücken liegend. Ich versuchte ihm seinen Gesundheitszustand zu entlocken doch seine ersten Worte waren: „I wü a Tschik!"

Als ich merkte, dass es ihm den Umständen entsprechend gut ging, wuzelte ich ihm ein schönes Zigarrettchen, nahm ihm seinen Helm ab und rauchte ihm eine an. Es dauerte nicht lange und auf einmal kamen auch schon einige Nachbarn zu Hilfe. Der eine meinte sogar, er kann sich das gar nicht vorstellen, wie Stoffel da verunglücken konnte, denn er sah durchs Scheunentor, dass wir ja eh ganz langsam ankamen. Am Rande bemerkt: Er sah nur mich durch den Spalt und ich war da schon fast am Stehenbleiben gewesen. Als Stoff dann eigenmächtig aufstehen konnte, bargen wir zuerst mal sein Moped. Wir zerrten es vom Hügel runter auf die Straße und versuchten es wegzuschieben. Einer der

Nachbarn schlug vor, das Bike bei ihm in den Hof zu stellen, bis wir es wieder abholen konnten. Es musste ja nicht jeder sehen, dass es hier gekracht hatte. Als wir es wegschieben wollten, bewegte sie sich einfach nicht. Irgendetwas blockierte, aber in der Dunkelheit merkten wir nicht, was es denn sei. Ich tastete mich rund um die Räder und bemerkte am Hinterrad, dass sich bei der Detonation am Hügel das Heck zwischen Rad und Sitzbank verklemmt hatte. Als ich versuchte, das Teil nach hinten herauszuziehen, hörte ich auf einmal den netten Bauern schon vor Schmerzen schreien. Ich hatte in der Dunkelheit nicht gesehen, dass er seine Finger genau dort hatte, wo ich das Heck ausbiegen wollte. Nun war der Bauer der Erste, den wir mit einem Pflaster verarzten mussten. Als wir dann das Bike in der Scheune untergestellt hatten und feststellten, das es wohl wieder Stunden zur Wiederherstellung benötigen würde, rief ich danach mal Geggi an, der unseren Bruchpiloten mit dem Auto abholte. Stoff schmerzte zwar einiges, aber eine Rettung anfordern wäre wohl für Stoffels Führerschein schlecht gewesen. Also wurde er, als Geggi ankam, ins Auto gehievt und nach Hause gebracht. Nachdem ich mich bei sämtlichen Helfern bedankt hatte, schwang ich mich auf's Moped und fuhr auch nach Hause.

Am nächsten Tag gegen Mittag machte ich mich auf den Weg zu Stoff, um mich nach seinem Befinden zu erkundigen.

Zu meiner Überraschung hatte er ein Gipsbein und einen kleinen gebrochenen Finger, auch in Gips gehalten. Aber das alles schmerzte nicht so schlimm wie der Anpfiff seiner Mutter, den zuerst er und später auch ich abbekam. Es kam auch so weit, dass meine Mutter von seiner einen Anschiss bekam, weil ich ihren Sohn immer wieder zum Saufen animieren würde. Als ob er mich dazu brauchen würde … So weit mal zum schlechten Ruf – danke.

Popper und anderes Gesocks

Es war wieder mal so weit, dass meine Jungs auf einem Motorradtreffen waren und ich nicht mitkommen konnte, weil ich mit dem Schrauben an meinem Moped nicht rechtzeitig fertig wurde.

Also was anfangen mit dem angebrochenen Wochenende? Na klar, ich könnte mal wieder ins GIG fahren, dachte ich. Freitags hatten sie ja auch meist eine erträgliche Musik aufgelegt. Es wurde Abend und ich begab mich in voller Montur und auf der Honda nach Aschbach. Ich stellte meine Kleine in etwas größerer Entfernung vom Eingang ab, denn für Menschen, wie ich es war, hatten die dort verkehrenden geschniegelten Popper kaum was übrig. Mir war es lieber, ich ginge paar Schritte, bevor meine Honda einem Vandalen zum Opfer fiel.

Es war schon zur vorgerückten Stunde, als ich in der Disco eintraf. Die Hütte war natürlich randvoll mit Poppergesocks, so weit das Auge reichte. Ich ging direkt an die Bar, bestellte mir ein Gläschen BC und wollte einfach nur Musik und Stimmung reinziehen. Dass dies an diesem Tag nicht möglich war, wusste ich ja noch nicht. Ich hätte es mir ja denken können, als ich durch die halbe Disco flanierte und von einigen bösen Blicken verfolgt wurde. War ja klar, der Abend konnte nicht ruhig verlaufen. An der Treppe zum Heurigen, neben dem DJ-Pult standen paar Poppermachos, umringt von einigen Mädels. Klar, es war ihr Reich und ich war hier Eindringling und noch dazu alleine. Nach so einer halben Stunde war für mich klar, hier hab ich heut nix verloren, es war langweilig und ich wollte den Abend im Heurigen ausklingen lassen. Der Weg zum Heurigen führte leider an den Machos vorbei und wie es eben ist, wenn man Weibern imponieren will, geht man einfach auf Schwächere los. Ich war alleine und versuchte ohne Aufsehen zwischen den Gästen durchzukommen. Als ich aber inmitten der bösen Jungs war, stellten sie sich mir in den Weg, bauten sich vor mir auf wie kleine Götter und fingen an, mich zu schubsen und blöd anzumachen. Klar imponierte das die Mädls, doch ich ließ mich zu Anfang nicht auf die Anfeindungen ein, wollte nur zum Heurigen. Die Pops wurden immer aufdringlicher und nervten mich schon sehr, bis mir der Faden riss. Ich schrie: „Wenn ihr Eier in der Hose habt, dann kommt mit mir nach draußen, da erledigen wir das, wie es sich gehört! Hier drin will ich keinen Ärger!"

Einer der Kandidaten hielt sich wohl für den Obermacker und wollte auch schon vor den Mädls auf mich eindreschen. Doch leider war ich an diesem Tage doch etwas nüchterner als er. Ich erwischte seine Hand, schnappte ihn mir und zog ihn im Schwitzkasten liegend hinter mir her zum Ausgang. Dies ging so schnell, dass seine Kollegen komplett übersahen, was hier abging. Ich schleifte meinen neuen Freund bis zum Eingangstor, dort nagelte ich ihn mit meinen Fäusten außen ans Tor, las ihm seine Rechte vor und gab ihm zu verstehen, dass ich ja für viel Blödsinn zu haben bin, nur nicht für Schlägereien und Stänkereien. Ich war grade so richtig aufgekratzt und übersah dabei, dass hinter mir am Parkplatz gerade die Ordnungshüter ankamen, um nach dem Rechten zu sehen. Ich hörte nur im Hintergrund eine Stimme, die mich anschrie, was denn hier los sei. „Halt die Schnauze da hinten, sonst bist du der Nächste der ans Tor genagelt wird!"

Ich schmiss meinen neuen Freund, den Popper, zärtlich wieder durch den Eingang hinein und wollte mich der Stimme aus dem Hintergrund widmen, als ich erst bemerkte, dass diese Stimme ein weißes Käppi am Kopf trug und noch drei Freunde im Auto mit dabeihatte. Ich dürfte offenbar noch etwas genervt und bösen Blickes gewesen sein, denn ich sah nur mehr einen jungen Polizisten zurück ins Auto klettern. Auf die Frage eines Kollegen, was denn hier los gewesen wäre, hörte ich den jungen nur mehr sagen: „E nix, die beiden hatten sich nur unterhalten."

Ich hatte Glück, die Ordnungshüter zogen nur eine Schleife am Parkplatz und waren dann auch schon wieder weg.

Ich dachte, dass es für mich auch das Beste sein würde, wenn ich das Weite suche. Ich ging dann auch schon direkt zu meiner Kleinen und brach auf Richtung Kematen in Ossis Bar, da war niemand, der mich nerven würde.

Urlaub Jugoslawien

Endlich, nach Jahren der Enthaltsamkeit, konnte ich mich endlich dazu durchringen, auch mal an einem Urlaub mit dem Bike im Ausland teilzunehmen. Ich schaffte es sonst nie, denn ich war ständig in Geldnöten. Doch dieses Mal hielt mich nix davon ab mitzukommen.

Zeitig in der Früh starteten wir die Motoren und brachen in das damalige Jugoslawien auf die Halbinsel Istrien auf. Wir hatten echt Glück mit dem Wetter es war auf der ganzen Strecke trocken und strahlender Sonnenschein. Es ging durch die Steiermark und Kärnten quer durch unser schönes Land. Über dem Loiblpass reisten wir in Jugoslawien ein, durchfuhren unendliche unberührte Gegend. Geführt von unserem international anerkannten Scout Stoff cruisten Geggi, Brixl und ich weiter in Richtung Süden. Unser alter Navigator zeigte uns alle möglichen Sehenswürdigkeiten wie zum Beispiel die Bucht, wo der Stamm der Apachen damals mit Winnetou wohnte. Einige Kilometer später kamen wir auch schon an unser Ziel, Rabac, ein verträumtes Dörflein an der mittleren Ostküste Istriens. Als wir am Campingplatz ankamen, meldeten wir uns mal brav an, vergönnten uns natürlich mal ein Gläschen Begrüßungsbierchen und machten uns danach hurtig daran, unser Zelt aufzubauen. Nach getaner Arbeit orteten wir mal die Lage, begutachteten den Kiesstrand und testeten mit der großen Zehe die Wasserqualität der Adria. Das wichtigste war aber das Strandbuffet, dies wurde unser direkter Stützpunkt. Schon am ersten Tag machten wir uns mit unserem Adjutanten für diese Woche bekannt, damit er sich einstellen konnte, was auf ihn zukommen würde. Als alle Eventualitäten geklärt waren, stapften wir zurück zum Zelt und machten uns bereit für den ersten Erkundungstrip.

Neben dem Campingplatz war ein riesiges Hotel, natürlich mit Hoteldisco, aber nur für Gäste. Anschließend begann die Strandpromenade, die sich entlang von kleinen Restaurants, Tavernen, Pubs und kleinen Geschäften dahinschlängelte. Im erstbesten Restaurant nahmen wir mal etwas festen Brennstoff zu uns, denn wer weiß, was der Abend da noch bringen würde?

Nach einem üppigen Mal flanierten wir die Promenade weiter und trafen nach kurzer Zeit am Hafen auf ein „Discoschiff".

Wir fragten mal einen Eingeborenen, was denn das für eine Sehenswürdigkeit sei und erhielten als Antwort, dass dieses Schiff ein spezielles Ausflugsschiff wäre. Es würde noch an drei weiteren Häfen anlegen, um Gäste aufzunehmen, um später im offenen Meer zu ankern, und dort würde dann massig abgefeiert. Genau unser Ding, dachten wir und weil es ja in ein paar Minuten ablegen würde, checkten wir gleich ein und waren auch schon an Bord. Hier gab's Cola Whiskey in spezieller Form. Du bekamst ein standesgemäßes Whiskeyglas gefüllt mit Whiskey bis circa einem cm unter den Rand, dazu ein Babyfläschchen Cola, um selbst nach Bedarf zu mischen. Randbemerkung: Am ersten Tag benötigten wir zwei Cola für ein Glas Whiskey und am letzten, Tag fünf, hatten wir zwei Whiskey für eine Cola. Es war eine echt gelungene Ausfahrt, zehn Uhr abends wurde abgelegt und um ein Uhr nachts wurde wieder angelegt. Man konnte kaum glauben, dass die einsteigenden Menschen dieselben waren, die nachts hier wieder ausstiegen, oder, besser gesagt, von Bord fielen oder stolperten. Nach der ersten Ausfahrt machten wir uns aber erst mal direkt auf zum Zelt, sonst hätten wir es wohl nicht mehr gefunden.

Am nächsten Morgen krabbelten wir pünktlich um neun Uhr aus unserem Wigwam und starteten in Richtung Strandrestaurant.

Mit einem breiten Grinsen stand da schon unser Brandschutzbeauftragter. „Na, schwere Nacht gehabt?“, fragte er.

Jaja, wenn man die Bräuche eines anderen Landes noch nicht so draufhat, dann tut’s halt noch weh. Wir bestellten schnell mal jeder einen Liter Limonade und exten diesen mal, damit die schlimmste Trockenheit im Hals etwas gelindert wurde. Als wir dann wieder sprechen konnten, ließen wir mal die letzte Nacht Revue passieren und beschlossen am Abend wieder an Bord der schwimmenden Disco zu gehen. Für tagsüber war die Idee, dass wir etwas die Gegend erkunden könnten. Es sollte ja auch etwas Kultur und Wissen hängen bleiben. So nach drei Stunden waren wir schon wieder auf ein Getränk im Infopoint des Campingplatzes zurück. Genug Kultur, es ist besser, wenn wir uns etwas am Strand erholen, diesen Gedanken hatten wir alle. Nach der Labstelle im Einfahrtsbereich flanierten wir ins Zelt, montierten unsere Badeshorts und ab an den Strand.

Es war wieder ein Tag mit Temperaturen jenseits der dreißig Grad und das kühle Nass gab uns wieder so viel Kraft, dass wir wenigstens wieder bis zu unseren Decken kamen. Als wir so dalagen und den anderen Badenden zusahen, merkten wir, dass wir wenigstens was zum Lesen mitnehmen hätten können. Da dies aber keiner von uns behirnte, mussten wir uns eine andere Ablenkung suchen.

Als meine Blicke so durch die badenden Gäste wanderten, sah ich auf einmal zwei Mädls, die angeregt tuschelten und immer grinsend in unsere Richtung blickten. Sie machten mich sehr neugierig. Sofort startete ich in ihre Richtung, um den Grund ihres Lachens zu erfahren. Ich setzte mich lächelnd neben die beiden und fragte sie, was es denn so zum Totlachen geben würde. Der Grund war ja wohl klar, sie hatten uns gestern am Discoschiff in Action gesehen. Ich wusste nicht, ob ich mich schämen oder freuen sollte wegen meiner Bekanntheit. Es dürfte aber nicht schlimm gewesen sein, denn wir unterhielten uns auf Anhieb gut. Nachdem sie sich bei mir vorgestellt hatten, machte ich sie auch gleich mit meinen Jungs bekannt. Ich erklärte ihnen, dass wir am Campingplatz hausten und eigentlich nicht wirklich immer so seien wie am Discoschiff. Die beiden Schönheiten wohnten im Hotel, da, wo wir Camper keinen Einlass hatten. Nach einem tiefsinnigen Gespräch und gegenseitigem Kennenlernen mussten sie aber auch schon wieder ins Hotel zum Mittagessen.

Am Abend gingen Stoff, Geggi, Brixl und ich mal in eine Pizzeria was essen. Danach waren wir uns nicht einig, was wir weiter anstellen sollten. Meine Jungs wollten mal was anderes sehen und suchten eine Disco, aber ich wollte wieder aufs Discoschiff. Also trennten wir uns und gingen unserer Wege.

Während die anderen an Land waren, verbreitete ich am Schiff wieder mal gute Laune. Nach einer Menge Cola Whiskey war ich auch schon wieder auf einem sehr erfolgreichen Trip angelangt, wo ich das ganze Schiff unterhielt. Obwohl mich die wenigsten verstanden, lachten alle mit. Gegen halb zwei gingen wir dann in unserem Heimathafen an Land. Natürlich, wenn man genug betankt war, passiert leider auch mal ein kleines Missgeschick. Als ich vom Schiff auf die Hafenmauer treten wollte, übersah ich eine Stufe und knallte volle Kanne mit meinem Luxuskörper auf den Beton. Jeder sah dies und alle lachten, denn sie glaubten, dass dieser Sturz zum Unterhaltungsprogramm meinerseits gehörte.

Ich saß wild fluchend am Boden und die Menge von so zwanzig Menschen fühlte sich gut unterhalten. Ich fand es nicht unterhaltsam, rappelte mich auf und torkelte in Richtung Campingplatz. Doch was passierte jetzt? Die ganze Horde verfolgte mich, manchmal lachten sie über mich, manchmal applaudierten sie aus welchen Gründen auch immer. Langsam machte ich mir Sorgen. Ich dachte, wenn ich in mein Zelt krabble, würden diese fremden Menschen womöglich auch rein wollen, das wäre nicht so mein Ding. Ich bin ja eher vom intimen Rahmen überzeugt. Als die Menge unter meiner Leitung am Hotel ankam, dachte ich in meiner Kühnheit, dass es sicherlich schon egal sei heute, und lotste die Meute in die Hoteldisco, um einen Schlummertrunk zu heben. Doch da hatte ich die Rechnung ohne das Discopersonal gemacht. Es war üblich, dass um zwei Uhr nachts Sperrstunde war und daran hielten sie sich rigoros. Nun war es natürlich so weit und der Kellner bat mich höflichst, mit meinen vielen Freunden, von denen ich aber keinen einzigen kannte, das Hotel zu verlassen. Da ich ja natürlich ein wohlerzogenes Kerlchen war, rief ich die Menge auf, mit mir abzuziehen, und tatsächlich, alle folgten mir nach draußen. Nun war ich mir sicher, das beste Führungspersonal benötigt mindestens 2,5 Promille, um eine gute Führung zu sein.

Als ich mit meinen Jüngern nach draußen, an einen etwas größeren Vorplatz des Hotels kam, passierte mir mein nächstes Missgeschick. Ich übersah in meinem Promillewahnsinn, dass ich mich am Ende einer etwas höheren Stufe befand. Erst im Flug bemerkte ich die Höhe und klatschte mit einer unwillkürlichen, ungewollten Judorolle auf die nächste große Betonfläche. Als ich mich aufsetzte, sah ich meine Jünger, die anscheinend nüchterner waren als ich, auf der obersten Stufe Platz nehmen. Alle starrten mich erwartungsvoll an und warteten auf meinen nächsten „Gag". Ja, auf einmal fand ich Lust daran, alle zu unterhalten und war von nun an nicht mehr zu bremsen. Ich fluchte, ich schrie und gestikulierte mit Händen und Füßen und bekam dafür meinen verdienten Applaus.

Plötzlich kamen aus der Dunkelheit zwei große finster blickende Schatten auf mich zu. Es waren die Hüter des Gesetzes. Sie gaben mir unmissverständlich zu verstehen, dass hier Hotelgäste schon schlafen würden und ich hier die Ruhe stören würde. Ich denke, so war ihr Jugoslawisch zu deuten, denn verstehen konnte ich sie nicht wirklich. Sie sahen mich grimmig an und ihr Blick sagte mir, wenn ich mich nicht vom Acker mache, nehmen sie mich mit auf die Wache. Aber ich wäre nicht ich, wenn ich nicht sofort zu deeskalierenden Mitteln gegriffen hätte. „Aber, Jungs, bleibts bissi locker, da is doch der Dienst glei viel chilliger!"

Ihr Blick und ihre Antwort wurden bestimmender und etwas rauer ihr Ton. Ich lächelte, während ich mich aus meiner Sitzposition hochquälte, und griff zu meiner heißesten Waffe mit den Worten: „Hey Jungs, bleibt locker, rauch ma doch mal a gemütliche Friedenspfeife!" Ich griff in meine Hosentasche und zog noch eine Packung österreichische Lucky Strike hervor und bot den beiden mein Freundschaftsangebot an. Die beiden sahen sich an, ihr böser Blick ging über in ein erfreutes Dienstlächeln und beide griffen zu. Plötzlich hatten wir ein freundschaftliches Gespräch. Sie fragten, wo ich herkomme, wie lange ich bleibe und warum ich so besoffen wäre. Als sie fertig geraucht hatten, dämpften sie ihre Tschick aus und wurden wieder dienstlich. „So, Opa, du jetzt gehen schlafen oder du dich noch mehr betrinken, denn du sein zu laut!“ Sie grinsten mich an, wünschten mir noch einen schönen Abend und verschwanden wieder, genauso, wie sie gekommen waren. Nette Beamte dachte ich. Als ich sah, dass meine Jünger während meines Copgesprächs inzwischen das Weite gesucht hatten, dachte ich, dass es schon Zeit wäre mich hinzulegen. Als ich zum Zelt kam, hörte ich schon von weitem, dass meine Jungs noch ein Fachgespräch hatten. Ich meldete mich brav an, kroch in meinen Schlafsack, lauschte noch etwas ihren Worten und nach kurzer Zeit fielen mir die Augen zu.

Am nächsten Morgen gab es wieder das tägliche Ritual, vier verkommene Gestalten am Weg zum Strandrestaurant, wo schon ein grinsender Kellner stand. Kurz darauf standen an unserem Stammtisch die obligate vier Liter Orangeade. Nach kurzer Besprechung stand dann auch schon der Tagesablauf fest: Strand, baden, Durst löschen. Natürlich trafen wir auch unsere deutschen Mädels, mit denen wir wieder viel Spass hatten.

Es war Mittwochabend und eines war anders, das Partyschiff hatte an diesem Tag Pause. Also nix auslaufen und nix komasaufen.

Also machten wir uns nach dem Abendessen auf die Suche nach einer brauchbaren Alternative. So schlenderten wir die Strandpromenade entlang und schon nach so zwei Kilometern sahen wir einen Wegweiser, wo „Disco Andrea“ draufstand. Wir dachten, dass hier ja ohnehin der Ort schon ein Ende hätte. Wenn wir noch weiter gehen, würden die Jungs von der bulgarischen Grenze auf uns schießen. Also flanierten wir in die Disco und waren eigentlich sehr angetan, weil sie hier doch auch Hits aus der Heimat spielten. Es war kaum eine Stunde vergangen und noch keine zwei Promille gesammelt, so plagten mich rasende Kopfschmerzen. Es war meine supergeile Migräne, die mich immer fast umbrachte. Als ich mich nicht mehr quälen wollte, entschuldigte ich mich bei den Jungs und meinte, dass es besser wäre, mich ins Zelt zu schmeißen und in Ruhe meinen Qualen zu erlegen. Also ging ich alleine an der Strandpromenade zurück und hoffte, bald in den Schlafsack kriechen zu können, um mich von meinen bösen Dämonen zu befreien. Mein Weg führte mich gerade an der Anlegestelle des Partyschiffes vorbei, als ich aus einem Gastgarten einer Taverne plötzlich hörte: „Hey Opa, wohin gehst du?“

Ich lenkte meinen Blick in die Richtung, woher die Frage kam, und erblickte im Schein der bunten Lampen die gesamte Crew meines Todesschiffes, die ja natürlich Mittwochs ihren freien Tag hatten. Ich näherte mich ihnen und sah, dass sie kniffelten. Bei jeder Runde spielen gab‘s auch eine Runde zu trinken.

„Setz dich zu uns und trink einen mit“, meinte der Kellner des Schiffes. Ich lehnte dankend ab und erklärte ihnen mein Problemchen.

„Es gibt nichts, was Sliwowitz nicht heilen könnte!“, sagte der Kapitän und schob mir ein Glas zu. „Shiveli“, prosteten sie mir zu und weg war‘s Tröpfchen. Ach, was für eine Brühe, dachte ich mir, doch tapfer ließ ich schon den zweiten Sliwowitz meiner Kehle kosten. Es wurde immer wieder weiter gekniffelt und langsam kam ich mit dem Trinken kaum noch nach. Nach etlichen Gläsern merkte ich nichts mehr von meinen rasenden Kopfschmerzen, die waren auf einmal weg. Der Kapitän war ein Zauberer, er wusste eben von der Heilkraft des Wundersaftes. Als uns dann der Wirt zwecks Sperrstunde aus dem Gastgarten warf, meinte der Steuermann, dass wir doch noch auf einen Absacker in die „Disco Andrea“ gehen könnten.

Gesagt getan, da waren wir schon auf dem Weg. Als wir in der Disco so zu zehnt ankamen, sahen mich meine Freunde kommen. Geggi fragte mich ganz verblüfft: „Ich dachte, du liegst im Sterben?“, worauf ich ihm meine Krankengeschichte erklärte. Als ich so von der Freude über meine wundersame Heilung erzählte, sah ich unsere Strandschönheiten auch am selben Tisch sitzen. Geggi erzählte mir, dass die Mädels kurz nach meinem Verschwinden auftauchten und die eine ziemlich traurig war, weil sie mich nicht mehr antraf. Ich sah sie an und sie strahlte mir entgegen. „Wenn ich gewusst hätte das du auch hierherkommst, hätte ich bestimmt meine Kopfschmerzen unterdrücken können!“, hauchte ich ihr ins Ohr und zwinkerte ihr zu.

Wir hoben danach noch einige Gläschen und genossen die sanfte Stimmung der Discohits. Als wir dann auch aus der Disco wieder rausflogen, flanierten wir alle gemeinsam über die Promenade und nach einem ausgiebigen Mondscheinbad brachten wir die Mädels wie wohlerzogene Gentlemans bis vor die Hoteltüre.

Der nächste Tag unterschied sich kaum von den anderen. Der Kellner versorgte uns nach dem Erwachen mit unserer Morgenmedizin. Am Vormittag eine kleine Erkundungsfahrt mit den Bikes und mit anschließendem Umtrunk am Campingplatz im Infopoint. Danach Strandfeeling und das abendliche Pizzaessen. Endlich war auch wieder das Discoschiff abfahrtsbereit. Als wir mitten in der Adria ankerten und schon so richtig in Stimmung waren, trafen wir eine feierwütige Schweizer Familie. Vater, Mutter und zwei Söhne. Die waren echt gut drauf und es passten alle gut zu uns. Wir hatten viel Spass und unterhielten uns auch wahnsinnig gut. Zusammen gingen wir auch noch auf einen Sprung in die Hoteldisco und danach kehrten wir alle in unsere Wigwams zurück. Wir verabredeten uns zuvor noch für den nächsten Tag am Strand. Aber am nächsten Tag kam das Unglaubliche, was meinen Glauben an die Fähigkeiten des Alkohols stärkte. Wir saßen gerade bei unseren obligaten morgendlichen Brandlöschdrinks, als auch schon unsere Schweizer Familie antanzte. Alle vier sahen aus, als ob sie sich am Vorabend nüchtern und früh ins Bett gelegt hätten und ausgeschlafen waren. In aller Frühe strahlten sie uns schon an und begrüßten uns voller Freude. Doch was war geschehen? Wir verstanden kaum ihre Sprache. Die Familie war verblüfft.

Auf Hochdeutsch fragten sie uns, was denn los sei. „Habt ihr gestern am Schiff auch in eurem Dialekt gesprochen?“

Der Vater bejahte meine Frage und sagte, dass er ohnehin überrascht war, dass wir ohne Probleme ihr Schwyzerdütsch aus dem Berner Oberland verstanden hatten. Wir lachten und hatten gleich früh am Morgen wieder herrlich viel Spass.

Aber der Tag sollte nicht so entspannt weitergehen. Als wir zu Mittag von unserer täglichen Rundfahrt zurückkamen und unseren Ankunftsdrink am Infopoint nahmen, hat sich irgendein lustiger Typ erlaubt, sich Geggis Helm zu krallen und abzuhauen. Wie es eben so ist, war Geggi natürlich ziemlich angebissen, weil sein Helm nicht gerade günstig war. Noch besser wurde seine Stimmung, als er seinen Helm an der örtlichen Polizeiwache als gestohlen meldete und die ihm sagten, dass sie wegen so einer Bagatelle nicht extra eine Anzeige schreiben würden. Wer Geggi kennt, der weiß, dass er ab diesen Moment äußerst explosiv war und er am liebsten diesen schönen Ort gesprengt hätte. Natürlich war er so geladen, dass wir sofort abreisen mussten, sonst wäre er Amok gelaufen. Also rissen wir unser Zelt ab, sattelten auf und wollten schon abfahren.

Dabei bemerkte Geggi aber, dass er ohne Visier, also ohne Helm, nicht fahren konnte, weil seine Augen, der Zugluft geschuldet, immer so tränten und er kaum was sah. Weil wir aber immer sehr flott mit Lösungen waren, hatten wir auch gleich eine passende Idee. Ich gab Geggi meinen Helm und ich fuhr ohne, denn ich war es gewohnt, helmlos zu fahren. Ich föhnte mir auch immer so meine Haarpracht. Wir fuhren so gegen 20 Uhr abends ab und ritten in Richtung Heimat. Wir tankten noch schnell voll und dann flugs, auf die Piste. Es ging durch bis etwa Mitternacht, wo wir endlich über die Grenze nach Österreich kamen. Am Loiblpass reichte uns der wilde Ritt endgültig. Wir fanden ein kleines Wirtshaus, wo wir dachten, dass wir hier mal nächtigen und mal diesen Scheißtag abschließen könnten. Natürlich waren wir auch noch hungrig und aßen noch eine Kleinigkeit, bevor wir auf unsere Zimmer gingen. Unsere Stimmung hob sich nun endlich wieder, na klar, volle Wampe und mal ein gscheites Bierchen wirken wahre Wunder. Als wir unseren Wigwam bezogen, kam ich zufällig bei einem Spiegel vorbei, der mich etwas blendete. Ich ging nochmal einen Schritt zurück und, puhhh, das Fahren ohne Helm hatte an mir Spuren hinterlassen.

Mein Gesicht war schwarz vom Dreck der Straße und erst meine Haare, ich sah aus, als ob ich eine Nacht mit den Fingern in der Steckdose verbracht hätte. „Warum sagt mir keiner, das ich aussehe wie ein Uhu nach dem dritten Waldbrand?“, fuhr ich meine Jungs an. Sie grinsten nur und dachten ich hätte es ohnehin schon beim Absteigen vom Moped bemerkt. Also ab ins Bad und mal frisch machen, dachte ich. Nach einem kurzen Gang unter die Dusche und extremschrubben konnte ich mich endlich wiedererkennen. Nur meine Haare stellten mich vor schwere Probleme, die waren so derartig verfilzt, dass ich schon meinte, dass mir nur noch eine Glatze helfen könnte. Doch so nach einer halben Stunde und circa einer halben Million Haare in meiner Haarbürste war endlich wieder ein durchkommen möglich. Nach getaner Arbeit fiel ich dann auch schon endlich ins Bett und schlief wie ein Toter bis morgens um sieben.

Bei einem herzhaften Frühstück beratschlagten wir, wie unser Urlaub weiter aussehen würde. Meine Kumpels meinten, es wäre ja noch lustig, eine Woche einen Abstecher nach Südtirol zu machen. War ja eine gute Idee, doch als mein nächster Blick in meine Finanzbox fiel, gab‘s für mich nur noch ein Ziel: Heimat! Ich hatte ja blöderweise meine zweiwöchige Urlaubsgage schon in einer Woche irgendwie aufgebraucht. Ich denke, ich muss die Kohle verloren haben, denn es war mir nicht bewusst, dass ich so viel schon in Alkohol umgesetzt hätte. Doch als ich einen drückenden Schmerz an meiner Leber verspürte wusste ich, dass doch das meiste in Alkohol geflossen war.

Als ich meinen Plan zur Heimfahrt kundtat, waren die anderen natürlich etwas verstimmt, aber sie verstanden mich. Wir fuhren noch gemeinsam nach Klagenfurt, wo sich Geggi einen neuen Helm kaufte. Ich konnte dann Gott sei Dank wieder meinen zum Schutz meiner Haare aufsetzen.

Als sich unsere Wege trennten, fuhr ich alleine weiter und wie es so ist, wenn man Zeit zum Nachdenken hat, ist man da schon etwas angepisst, weil man doch lieber mit den anderen mitgefahren wäre. Aber was noch schlimmer war als der quälende Gedanke, noch eine schöne Zeit mit den Kumpels zu versäumen, war der immer schlimmere Schmerz meiner Leber.

Nach qualvollen drei Stunden erreichte ich endlich müde und abgekämpft unseren Clubwirt Ossi.

Wow, endlich mal wieder ein gutes Bierchen, dachte ich und flugs war das erste dann auch schon wieder weg.

„Warum bist du nicht in Opponitz?“, fragte Ossi.

Ich erklärte ihm, dass ich grade aus Jugoslawien gekommen war, er nickte und bemerkte noch, dass der restliche MC übers Wochenende an der Ybbs zelten und feiern wollten. Beim zweiten Bierchen dachte ich nach, ob ich sie nicht auch noch aufsuchen sollte, wäre sicher auch noch ein lustiger Ausklang meines Urlaubs. Es dauerte nicht lange und ich war schon auf dem Weg nach Opponitz. Ich wusste ja, wo unsere Stammwiese war, also musste ich die letzten dreihundert Meter noch durch den Bahntunnel fahren und gleich danach war ich auch schon da. Es war schon Riesenstimmung, das Lagerfeuer loderte gemütlich vor sich hin, Knacker wurden über dem Feuer gebrutzelt, das Fass Bier war auch gekühlt und frisch angeschlagen. In der Ybbs planschten unsere Wasserratten, es war alles so, wie es sein sollte. Als ich eintraf, gab's ein kräftiges Hallo, ich wurde natürlich gleich über den Urlaub ausgequetscht und warum ich nun eigentlich schon wieder da wäre.

Ich erzählte lang und breit meine Geschichte, kostete dabei auch ein paar Bierchen und es dauerte nicht lange, bis mir auch schon wieder der Urlaubsfilm riss. Ja, es geht nix über einen gepflegten Schlaf.

Rodeln Sonntagberg

Es war ein wunderbarer Wintertag im Jänner, als ich zu Hause meinen Schlitten wachste. Heute war ja Nachtrodeln vom Sonntagberg angesagt. Pünktlich um sechzehn Uhr abends sah man mich meinen Schlitten von Hiesbach in Richtung Kematen ziehen. Wir hatten in diesem Winter endlich echt viel Schnee und es machte Spaß, zu Fuß durch das Weiß zu stapfen. Mein erster Halt war wie immer bei Geggi. Er erwartete mich schon und gemeinsam gingen wir zu Ossi, dies war unsere erste Station. Wir hatten viel Spaß und unterhielten uns, wie es wohl wieder werden würde. Bei Ossi wurde mal ein Bierchen gekippt, während wir auf die anderen warteten. Es dauerte nicht lange und es traf einer nach dem anderen ein. Nach ein paar Drinks zogen wir dann weiter, erst zum Schurlwirt, dann zum Brückenwirt und dann, weil wir ja da schon ungefähr dreihundert Meter unterwegs waren, auf eine längere Pause zu Schinkis Kneipe. Nach etlichen Glühgetränken und schon sehr viel Spaß im Gepäck ging es dann ab auf den Sonntagberg. Ein Haufen dunkler Gestalten wanderte lautstark und mit Rodeln und Flachmännern bewaffnet durch die Nacht. Komischerweise, je steiler es wurde, umso ruhiger wurde es. Es kam nur dann und wann Gelächter auf, als wieder der eine oder andere ausglitt oder in eine Schneewechte geschmissen wurde.

Nach gemütlichen zwei Stunden erklommen wir dann den heiligen Berg samt „Heilandwirt“ Lagler Edi, wo wir uns auf die rasante Abfahrt vorbereiteten. Es war Spaß an allen Ecken und die Promille waren auch schon für das wilde Rennen angerichtet. Schlag Mitternacht machten wir uns dann auf den letzten Anstieg zur Kirche, wo wir immer starteten. Streng außer Atem kamen wir oben an und stellten uns brav hin und nach Kommando starteten wir die wilde Abfahrt. Es wurde gestoßen, getreten, abgedrängt und mit allen Mitteln versucht, sich vor die anderen zu setzen, denn der erste bekam von den anderen ein Freigetränk bei Ossi an der Bar. Natürlich wollte da jeder der Erste sein. Es wurde gerangelt und mit Händen und Füßen das Letzte gegeben.

Ich hatte ja wirklich einen wunderbaren Start und kam so als dritter weg und verfolgte Brixl und Stoff. Dicht hinter mir war Geggi, der immer näher kam. Als er zum Überholen ansetzen wollte, kam dicht hinter ihm auch noch Tom, der auch vorbei wollte. Als mich Geggi mit der Hand an meinem Schlitten aus der Bahn befördern wollte, schnitt Tom Geggi am hinteren Schlittenende und anstatt meiner, verschnitt es Geggi und er sprang über die Böschung und war nicht mehr zu sehen. Natürlich wurde nach dieser Aktion Tom etwas langsamer und ich konnte mich von ihm absetzen. Kurz darauf war ich schon wieder im Windschatten von Brixl, der sich nach kurzer Wehr auch nach links über die Wiese verabschiedete und gegen einen Begrenzungspfahl knallte. Jetzt war nur noch Stoff auf der Piste. Als ich an ihm vorbeiziehen wollte und wir gerade an der schnellsten Stelle der Strecke waren, trat er gegen meine vordere Kufe, es verschnitt mich, ich kam ins Schleudern und verabschiedete mich von der Piste aber nicht ohne Stoff, den ich mit meiner Hand noch an der Kufe zu packen bekam und der mit mir in der Botanik verschwand. Beide machten wir uns schleunigst auf, wieder den Schlitten zu bespringen und weiter Richtung Ziel zu glühen.

Als wir beide ziemlich gleichzeitig ins Ziel kamen und uns noch ausstritten wer nun der Gewinner war, hörten wir aus der Dunkelheit eine Stimme sagen: „Na, seid ihr auch schon da!“ Und lautes Lachen folgte diesen Worten. Es war Gurki, er hatte sich aus den Gefechten rausgehalten und alle ohne aufzufallen überholt. Nach und nach kamen dann auch die anderen, die meisten sahen aus wie Schneemänner, denn keiner kam ohne Ausritt ins Ziel.

Als alle da waren, schleppten wir unsere Schlitten zu Ossi, wo wir dann noch ein paar Stunden das Rennen analysierten und wieder mal zu einem wunderbaren Abschluss kamen.

Der Hauch des Todes

Als junger Biker glaubt man ja, dass man unkaputtbar und unsterblich ist, das dachte natürlich auch ich. Dass ich hier noch sitzen und euch meine Erinnerungen an meine Jugend erzählen darf, ist für mich aus heutiger Sicht nicht selbstverständlich.

Schon als ich das erste mal Schrattls 440er mit ihm hinten drauf testen durfte, kam von ihm schon der Spruch: „Wenn du so weiterfährst, gebe ich dir keine vierzehn Tage und du bist tot!"

Als er das sagte, fand ich das noch lächerlich. Was soll „mir" denn schon passieren? Bin sportlich, widerstandsfähig und schmerzbefreit und „es wird scho nix sein".

Wenn es bei anderen passierte, dass sie verunglückten, suchte ich immer wieder Ausreden, warum es so war, nur damit ich nicht in etwaige Ängste verfallen würde.

Ich war noch nicht lange bei meinen „Ochtahoiwan", wo ich das erste Mal mit dem Tod eines Clubkollegen zu tun hatte. „Holzer Spatzi" war der Erste. Er war ein netter Kumpel, Spaß behaftet und eben ein Kumpel. Damals fuhr er von Ossis Parkplatz weg und so zweihundert Meter weiter war eine leichte Linkskurve, die sein weiteres junges Leben verhinderte. Bevor er von Ossi wegfuhr, tratschte er am Bike sitzend noch mit den Kumpels, die im Gastgarten saßen. Er startete sein Bike und fuhr ab, ohne mitzubekommen, dass sein Seitenständer noch nicht hochgeklappt war. Damals gab es ja noch kaum einen Sensor, der den Start bei runtergeklapptem Ständer verhinderte. Er fuhr los und bei der besagten Linkskurve setzte der Seitenständer am Asphalt auf, das Bike wurde ausgehebelt und Spatzi abgeworfen. Wie der Teufel es eben will, stürzte er in ein am Straßenrand gelegenes Rabattl. Darin stand eine metallenen Stange mit einem Kurvenanzeiger. Genau an dieser Stange brach er sich sein Genick. Keiner verstand, warum so was passieren konnte.

Der nächste war Bertl. Er war Beifahrer auf seinem eigenen neuen Motorrad. Ein Freund von ihm wollte die neue 900erter mitten in der Nacht testen (Kapitel habe ich auch hier verewigt). Fazit: zwei Tote und ein Schwerverletzter.

Der nächste war Gonzo, der auch kaum neunzehn Jahre wurde. Er fuhr vom Freibad aus Neuhofen in Richtung Hiesbach. Auf einer Geraden verspürte er anscheinend, dass er seine Badesachen verloren hatte, er sah nur einen Augenblick zurück und sah dabei die näherkommende Linkskurve nicht. Er stürzte über die Böschung, wurde nach vor an einen Kirschenbaum geschleudert und das Bike knallte ihm danach auf seinen Körper, er hatte keine Chance.

Das waren drei meiner Freunde die durchs Biken ihr Leben verloren. Jedes Mal dachte ich, es war ein blöder Zufall, Pech, mir passiert so was nicht, ich kann auf mich aufpassen. Dass dem nicht so ist, habe ich ebenso in diesem Buch beschrieben. Nach einigen doch schweren Unfällen mit glimpflichem Ausgang und einigen „Puhhh, Glück gehabt“-Momenten sah ich dann, Gott sei Dank, dass ich etliche Schutzengel hatte, die auf mich achteten. Als mir dann mal klar wurde, dass ich meine Retter schon bis zum Äußersten strapaziert hatte und ich vielleicht meinen nächsten Blödsinn nicht mehr überleben könnte, hatte ich die Erleuchtung. Siehe da, ich fuhr auf einmal mit Reserven, dachte für die Blitzgneisser, denen ich im Straßenverkehr begegnete und die irgendwie nicht ganz bei der Sache waren und dachte eben mal öfter übers Leben nach, ohne dabei Angst vor dem Biken zu entwickeln.

Bei meinen Erleuchtungen sah ich auch vieles, das mir früher eher nicht bewusst war. Selbst wenn dir dein eigenes Leben scheißegal erscheint, es gibt immer Menschen, die dich lieben und dich vermissen würden. Das ist mir in der Zeit klar geworden, wo ich Eltern, Geschwister, Partnern am Friedhof gegenüberstand und in ihre vor Trauer leeren und verweinten Augen sah. Am allermeisten traf es meine Seele, als ich kondolieren wollte und mich die Hinterbliebenen drückten als ob ihr Kind, Bruder oder Partner in meiner Brust weiterleben würden. Diese Momente werde ich nie vergessen, denn sie haben mich gezeichnet.

Der Sinn des Lebens

Wenn ich so zurückdenke, glaube ich trotz allem eine gute und coole Jugend gehabt zu haben. Ich hatte Freunde, musste mir wegen nichts Gedanken machen, hatte niemandem gegenüber Verantwortung zu tragen und konnte tun und lassen, was ich wollte. Trotzdem gab es oft Momente in meinem Leben, wo ich mir die Frage nach dem Sinn des Lebens stellte.

Am meisten dachte ich darüber nach, wenn wieder ein junger Mensch aus dem Leben gerissen wurde. Wie so oft lag ich am Sonntagberg in der Wiese und grübelte, warum ich da war, warum ich erleben musste, was geschehen war. Warum muss ich zur Welt kommen, wenn ich ohnehin wieder sterben muss?

Es war mir wirklich sehr selten anzusehen, dass mich solche Gedanken beschäftigten. Wie denn auch? In Wirklichkeit lebte ich hinter einer dicken Fassade. Nach außen war ich immer der coole Typ, der Menschenmassen bespaßen konnte, den nichts erschütterte, der für alle Probleme ein offenes Ohr hatte und für manches auch eine passende Lösung. Ich war bei den meisten Menschen gerne gesehen, doch wie es oft in meinem Inneren aussah, das konnte selten jemand erkennen. Immer wenn ich merkte, dass ich wieder einen Anflug von Schwäche oder innerer Zerrissenheit hatte, flüchtete ich vor der Menschheit und suchte die Einsamkeit. Hier dachte ich manchmal auch stundenlang über den Sinn des Lebens nach. Meist lag ich mitten in der Nacht mit einem Grashalm zwischen den Zähnen da, starrte in den Sternenhimmel und versuchte, meine Gedanken zu ordnen, damit ich wieder Stärke für den Alltag sammeln konnte.

Nachdem ich meinen Kopf wieder klar bekam, machte ich mich daran, mein aktuelles Problem zu behandeln. Oft war es an Tagen, nachdem ich wieder einen Freund verloren hatte oder einfach nur schräg drauf war. Meine Gedanken kreisten oft um Gott und den Glauben an Gerechtigkeit. Warum nimmt Gott gerade einen guten, jungen Erdenbürger aus dem Leben?

Es gibt ja so viele Scheißkerle, die es mehr verdient hätten, zur Hölle zu fahren, warum gerade einer meiner besten Kumpels?

Ich verstand die Logik einfach nicht, verlor manchmal den Glauben an die Gerechtigkeit und war einfach nur böse aufs Leben.

Egal, um was es ging, es gab für mich meist nur eine Antwort … Schicksal! Gewisse Dinge müssen passieren, damit andere daraus lernen oder eben mit neuen Herausforderungen zurechtkommen müssen, damit sie ihr Leben selbst in den Griff bekommen und dadurch stärker werden können, um neue Situationen meistern zu können.

Ok, den Sinn des Lebens haben wir aber immer noch nicht geklärt. Gibt es eigentlich einen Sinn? Ist es der Sinn des Lebens einer Maus, als Futter einer Schlange herhalten zu müssen? Müssen wir leben, damit wir später mal sterben dürfen? Ich fand für mich bis heute keine zufriedenstellende Antwort. Darum denke ich: Muss das Leben unbedingt einen Sinn haben?

Nööö!!! Mein Leben war sinnlos, ich hatte Spass, genoss viele Momente meines Daseins, hatte auch scheiß Tage, wo ich am liebsten mein Leben selbst ausgelöscht hätte.

Habe viele neue Menschen kennengelernt, gelacht, geträumt, geholfen und vieles mehr. Habe manche Menschen enttäuscht, geliebt, getröstet, aber auch gehasst. Und was habe ich daraus gelernt? Das war „mein“ Sinn des Lebens, ohne mich hätten Teile der Geschichte anderen gefehlt. Und so sollte es jeder sehen. Der Sinn eines jeden ist, ein Teil eines anderen Lebens zu sein, darum hinterlassen wir ja auch Lücken, wenn wir gehen.

Mein erstes Auto

An einem eher ruhigen Herbstabend hatte ich komischerweise mal den Drang, etwas allein zu unternehmen. Und wenn ich schon mal komisch war, dann sollte es etwas sein, was ich selten machte.

Ich legte meine Kutte ab und begab mich nur in der Lederjacke ins „GIG“. Wollte ja mal seriös rüberkommen.

Im Heurigen angelangt nahm ich mal einen Spritzer zu mir und erkundete die Lage. Mit gewohnt cooler Mine checkte ich das Publikum und bemerkte: Der Heurige war zum Bräute aufreißen eher die falsche Adresse. Also ging‘s ab in die Disco. Ich orderte mal ein Cola-Mixgetränk an der Bar und natürlich kam ich da auch gleich neben einer hübschen Dunkelhaarigen zu stehen. Wie es eben so ist, war es in einer Disco ziemlich laut und für Gespräche war natürlich kein Platz. Also verlagerten wir unser Gespräch in den angrenzenden Heurigen. Wir hatten ein angeregtes Gespräch und nach kurzer Zeit, wer weiß, wieso, kam die Frage ihrerseits, was ich denn für einen Wagen fahren würde. Als meine Antwort lautete, dass ich ein bekennender Biker sei, erkannte ich, wie diese Tusse schlagartig das Interesse an mir verlor. „Ich dachte du fährst einen BMW oder Ähnliches, aber Motorrad?“

Ich grinste und wollte ihr gerade klarmachen, dass auf dieser Welt nur dass Bike zählt und Autos doch bloß für Luschen und Warmduscher wären.

Naja, was soll ich sagen? Bevor ich mit meinem Referat noch begonnen hatte suchte die Tusse schon das Weite und ich stand wieder alleine da. Hmmm, das war wohl nix. Als ich noch ein tröstendes BC schlürfte, kam mir dabei ein echt schlimmer Gedanke. Wenn ich bei Weibern richtig landen wollte, brauche ich ein Auto! Stimmt ja, sie sind nicht wetterbeständig, müssen achten, dass ihr Gesicht nicht verläuft und natürlich müssen sie auch auf ihr streng toupiertes Haar achten. Wie würde denn das aussehen, wenn sie eine Helmfriese tragen würden?

Gesagt getan, am nächsten Morgen holte ich mir eine Zeitung und sah mal nach, ob es für mich einen passenden fahrbaren Untersatz gab. Nach den ersten Spalten Annoncen fiel mir schon mein Gesicht ein. Das ist doch Wucher! Kein einziger BMW in meiner Preisklasse! Naja, das heißt, Ansprüche etwas runter schrauben und siehe da, einige Abstriche später fand ich auch schon mein Traumauto.

Fast neu, Vollausstattung und alle möglichen Extras hatte er nicht, aber preislich genau meine Kragenweite. Ein hellblauer Opel Kadett, Baujahr 1967, eine getunte Sportmaschine mit heißen 33 PS.

Ok, ein Rennwagen war es nicht, doch die Bräute waren nicht Wind und Wetter ausgesetzt. Ich fuhr noch am selben Tag nach Greinsfurth und machte das Geschäft klar, 8.000 Schillinge für ein Dach über'm Kopf. Am Montag darauf wurde mein Schmuckstück angemeldet und schon eine Stunde danach holte ich ihn ab. Ich musste mich mal zurechtfinden, denn ein Auto war doch was anderes als ein Bike. Allein die Beschleunigung zeigte mir, dass ich keine Rennmaschine besorgt hatte. Wieso? Ich denke, beim heutigen Verkehrsaufkommen wäre ich damals schon nach zwei Kilometern in Walhalla angekommen.

Als ich auf die Bundesstraße auffuhr, sah ich vor mir die erste Herausforderung, einen LKW mit Anhänger. Ist doch wohl klar, dass ich sofort meine Höchstgeschwindigkeit erproben musste. Ich setzte den Blinker und begann den Überholvorgang. Wie am Bike gelernt, nützte ich den Windschatten des Brummis aus, saugte mich an ihn ran und überholte. Zumindest wollte ich das. Scheinbar hat mich der Brummifahrer im Rückspiegel erblickt und stieg auch aufs Gas. Ja, so ein Arsch, ich war fast auf gleicher Höhe und er ließ mich nicht vorbei. Ich raste schon etwa einen Kilometer Schulter an Schulter mit dem LKW und einem unerhörten Zahn von rund 85 km/h, bis er mich doch gütigerweise kurz vor dem weißen Kreuz passieren ließ. Mann, das war ein Rennen. Ich war nicht schnell, aber ich hatte ein Dach über dem Kopf. Die Frauen würden es lieben. Zumindest dachte ich das. Bis auf die Endgeschwindigkeit fehlte aber auch noch was äußerst Wichtiges, die Musik. Ich hatte ja nicht mal ein Autoradio und auch keine überflüssige Kohle, damit ich mir so was anschaffen konnte. Also, Zeit für Kreativität. Kassettenradio bestückt mit

Batterien und einen Haufen Musikkassetten am Rücksitz und alles war perfekt. So was hatten nicht viele.

Mein Kadett und ich waren glücklich, bis ans Ende seiner Tage, die leider schon nach einem Jahr waren. Beim Reifenwechsel war ich am obersten Ende des Wagenhebers angelangt, doch der Wagen stand immer noch auf seinen Reifen. Naja, was soll man schon von einem Auto erwarten, das nur ein Jahr jünger als sein Fahrer war.

Gevatter Tod kommt näher

Ja wir von den Ochtahoiwan waren immer schon schwer sportlich, der eine mehr, der andere weniger. Es gab bei uns in der Umgebung etliche Vereine, gegen die wir ab und an mal ein freundschaftliches Fußballmatch austrugen. Meist ging es um einen horrenden Spieleinsatz, der für beide Mannschaften wertvoll war. Es war kein Cupteller oder ein Pokal, nein, es war etwas Wertvolleres, ein Fass Bier.

An jenem Tag ging es gegen die Pfadfindergruppe Rosenau. Wir spielten am Platz der Rosenauer Fußballmannschaft. Es war ein wunderschöner sonniger Tag und beide Teams waren motiviert, nur wir wussten im Vorhinein, wer dieses Fass wohl gewinnen würde. Wir waren echt ein cooles, gutes Team und uns konnte selten jemand das Wasser reichen. Allein unseren Torhüter Harald, der sein Doping, ein Fläschchen Bier, immer neben seiner Torstange stehen hatte, fürchteten alle unsere Gegner.

Das Spiel endete natürlich mit einem verdienten Sieg unsererseits. Nach dem Spiel luden uns die Pfadfinder in ihr Vereinshaus ein, wo wir gemeinsam mit ihnen und allen anwesenden Fans unseren Gewinn und noch einiges mehr vernichteten. Es war wie immer ein lustiger Abend, es wurde gefeiert, getrunken und Spaß gehabt. Nach ein paar Bierchen hatte ich aber genug. So nach drei Stunden verabschiedete ich mich schweren Herzens von den anderen und verließ die Party.

Es war nicht mein Tag. Ich konnte mich nicht so richtig amüsieren und es fehlte mir aus unerklärlichen Gründen etwas der Schmäh. Ich machte mich auf den Weg, ohne zu wissen, wohin überhaupt. Ich dachte, ich nehme noch einen Schluck in Ossis Bar und dann werde ich mich nach Hause begeben, so mein Plan. Das Pfadfinderheim lag an der Ortseinfahrt Bruckbach gleich unterhalb einer Rechtskurve, die über eine Brücke führt. An diesem Tage war ich zu Fuß unterwegs, da ich ja am Wochenende zuvor meine Honda wieder einmal geschrottet hatte und ich niemanden wegen Taxidiensten von der Party wegzerren wollte. Also kletterte ich über einen schmalen Pfad nach oben auf die Bundesstraße und setzte am Gehsteig meinen Wandertag nach Kematen fort. Als ich so gedankenverloren dahin ging und über vieles nachdachte, geschah folgendes: Es war natürlich schon dunkel, denn es war ja so gegen elf Uhr nachts.

Als ich nach der langgezogenen Kurve schon die Gerade der Umfahrung Rosenau erreicht hatte, sah ich Scheinwerferlicht, das mir entgegenkam. Komisch, dachte ich, ich sah zwei Lichtkegel eines Autos, nahm aber auch den Lärm eines schnellen Motorrads wahr. Als ich geblendet ins Licht sah, bemerkte ich plötzlich auch noch ein Scheinwerferlicht, das mit einem Affenzahn das Auto überholte. Was für ein Wahnsinniger dachte ich, während ich den Fahrzeugen nachsah. Das Motorrad schoss auf die Kurve zu und ich merkte schon, dass dieses Manöver eng werden würde. Als dann auch noch ein einzelnes Licht dem Motorrad entgegenkam, hörte ich nur noch einen fürchterlichen Knall und Metall am Asphalt kratzen.

Ich erstarrte kurz und wusste, dass dies ein fürchterlicher Unfall gewesen war. Was sollte ich tun? Ich hatte noch meinen eigenen Unfall der Vorwoche im Hinterkopf. Sollte ich abhauen oder zu Hilfe kommen? Ich war hin und her gerissen. Ich entschloss mich, zurück zu laufen und zu helfen. Ich lief nicht weit und sah auch schon kurz vor mir den Schatten eines Körpers am Gehsteig liegen. Ich sprach ihn an und als keine Antwort kam, fühlte ich den Puls. Scheiße, da war nichts. Ich drehte den Körper vorsichtig auf den Rücken und begann panisch mit den Wiederbelebungsmaßnahmen. Gott sei Dank dauerte es nicht lange und der Verunglückte kam wieder zu sich. Ich riss mir meine Lederjacke runter und nachdem ich den Verletzten in die stabile Seitenlage gebracht hatte, deckte ich ihn mit meiner Jacke zu, denn er zitterte wohl vor Kälte. Als er sogar kurz etwas Unverständliches sagen konnte, vermittelte ich ihm, dass ich nur kurz mal nach anderen Verletzten sehen würde und mich gleich wieder um ihn kümmern würde. Ich rannte ein Stück weiter, da kniete schon eine Frau über einen Verletzten, sie sagte, dass sie Krankenschwester sei und hier alles in Ordnung wäre. In der Zwischenzeit war auch ein anderes Auto stehen geblieben und der Fahrer kümmerte sich um das dritte Unfallopfer. Hier wurde ich nicht gebraucht, also lief ich wieder zu meinem Verletzten, kniete mich neben ihn hin und versuchte ihn mit Worten etwas zu beruhigen. Es dauerte nicht lange, als dann auch schon die Rettung eintraf und sich weiter um alle Verletzten kümmerte.

Zeitgleich erfuhren die feiernden Gäste im Pfadfinderheim, das unweit der Unfallstelle war, dass etwas Fürchterliches geschehen war. Auf einmal kamen so an die zwanzig Jugendliche herangestürmt und waren total außer sich. Zuerst verstand ich das panische Geschrei der Menge nicht. Doch als ich näherkam, bemerkte ich erst das Wrack des Motorrads. Es war eine neue Honda 900 und langsam dämmerte es mir, es war Bertls Maschine, die er sich erst vor kurzem zugelegt hatte.

Bert war ja auch bei der feiernden Menge dabei, offenbar hatte ihn aber ein Freund überredet, mit ihm kurz mal das neue Motorrad zu testen. Musste ja mitten in der Nacht sein. Als ich dann auch noch einen Körper sah, den die Rettungskräfte zudeckten, verstand ich die hysterischen Menschen am Straßenrand. Ein Freund und Mitglied unseres Clubs wurde uns entrissen, es war fürchterlich. Zugetragen hatte sich der Unfall so: Bertls Maschine wurde nach dem Überholmanöver wegen hoher Geschwindigkeit in die Außenkurve gedrückt und ausgerechnet zu diesem Zeitpunkt fuhr hier ein Einheimischer mit einer Stangl Puch und es kam zum Crash.

Es gab zwei Tote und einen Schwerverletzten. Als ob das nicht schon genug gewesen wäre, kam Tage später dann auch noch ein Artikel in einer Wochenzeitschrift, der absolut nicht der Wahrheit entsprach. Dieser Artikel brachte uns grundlos den schlechtesten Ruf aller Zeiten ein und mir nahm es den Glauben an die objektive Berichterstattung mancher Schreiberlinge. Ja, dieses Wochenende war ein schwarzes für uns und zeigte, wie zerbrechlich Menschenleben waren.

Andererseits sah ich auch wieder, wie Zeitungsfuzzis so ein Unglück verfälschen, um die Auflage ihres Blattes zu steigern.

Der gute Samariter

Es war Freitagabend, ich dachte, ich mache mir mit meinen Kumpels einen gemütlichen Abend bei Ossi.

Der Abend war wie viele andere auch. Zuerst wurde im Gasthaus ein bisschen vorgeglüht und als dann oben in der Wirtschaft abgesperrt wurde, ging's später ab in den Keller. Zwischendurch wurde noch eine Runde geflippert, also alles entspannt. An diesem Tage sollte es aber doch ein bisschen anders werden als gewohnt. Ich saß so gegen 2 Uhr früh noch an der Bar im Keller, als auf einmal die Tür aufsprang und inmitten unser Oberversicherer stand. Wer weiß, woher er zu dieser Zeit kam, aber er erschien, wie wir ihn kannten. 10 Promille im Gesicht, roter Kopf, der Muttersprache nicht mehr mächtig, die Krawatte schon irgendwie um den Hals und auch an diesem Tag musste er jedem in der Bar auf den Keks gehen. Er war nervig, tat aber niemandem etwas. Er ging nur immer von einem Gast zum nächsten und erzählte von Dingen, die ja wirklich niemanden interessierten. Alle kannten ihn und die meisten ließen ihn einfach links liegen.

Auch an diesem Tag war's wie immer. Er begann mit den Gästen an der Bar und arbeitete sich durch bis an den Tisch neben der Garderobe. An diesem Tisch saßen drei fremde Gäste, die niemand kannte, dies war unserem Versicherer aber so ziemlich egal. Er setzte sich unaufgefordert zu ihnen und begann sofort mit seinen nervigen Sprüchen. Anfangs war die Lage noch entspannt, doch nach einigen Minuten, ich konnte nicht hören, worum es ging, saßen unser Versicherer und einer der drei Fremden schon Nasenspitze an Nasenspitze und fuckten sich an. Ich saß an der Bar und dachte mir, dass diese Aktion sicher nicht gut ausgehen würde. Ich wollte mir dieses Theater an diesem Tag wirklich nicht antun, bezahlte und machte mich auf den Weg nach draußen. Natürlich kam ich nicht am Flipper vorbei, denn es war für mich Tradition, dass ich vor dem Abhauen noch eine ruhige Kugel schob.

Doch meine ruhige Kugel währte nur kurz. Schon während ich die erste Kugel spielte, hörte ich schnelle Schritte die Treppe rauflaufen. Es war unser Lieblingsversicherer, der heraufkeuchte. Ich dachte mir noch nichts dabei und spielte weiter, vielleicht musste er ja nur mal an die frische Luft, kotzen. Doch als ich dann einen kurzen Moment später die drei Fremden dahinter hochkommen sah, die ihn verfolgten, ahnte ich Böses. Ich ließ meine Kugel absaufen und stürmte auch nach draußen. Als ich ins Freie kam, sah ich, wie sich auf der anderen Straßenseite in der Telefonzelle vor dem Gemeindeamt wilde Szenen abspielten. In der Telefonzelle war unser Versicherer, der sich anscheinend im Keller schon von den drei Fremden bedroht gefühlt hatte und möglicherweise die Polizei rufen wollte. Auch in der Zelle befanden sich der Lange und der untersetzte Fremde. Ich wusste bis dahin nicht, dass in eine Telefonzelle drei Menschen reinpassten. Zuerst prügelten sie auf ihn ein und danach rissen sie unseren Versicherer samt Telefonhörer aus der Zelle. Ich war schon im Hinlaufen als ich aus dem Nachbargebäude eine Stimme schreien hörte: „Heeey, Opa, bitte hilf ihm, die bringen ihn noch um!“

Ja, ich rannte ohnehin schon zum Geschehen und sprang in den Haufen der Balgenden, um sie voneinander zu trennen. Der Untersetzte ließ sich auch bald mal von mir zurück über die Straße drängen und beruhigte sich auch bald. Inzwischen rannte ich nochmal zurück zum Tatort. Während ich versuchte, den Langen vom Versicherer wegzudrängen, schupste er sein Opfer und dieses knallte mit dem Kopf auf einen Fahrradständer. Mit voller Kraft versuchte ich den Langen auch noch auf die andere Straßenseite zu drängen, was mir dann auch Gott sei Dank noch gelang. Ich hielt die beiden Fremden noch fest, damit sie keinen Blödsinn machen konnten, gleichzeitig versuchte ich ihnen klar zu machen, dass es keinen Sinn hatte, weiter auf den armen wehrlosen Mann einzuprügeln. In diesem Moment kam auch schon ein Streifenwagen, unserer Ordnungshüter. Ich war echt erleichtert, denn der Lange war so an die zwei Meter groß und der Untersetzte sah aus wie ein Profiwrestler. Der kleinere der drei Fremden war eher ein Stichler und hielt sich im Hintergrund.

Aber was musste ich sehen? Es kam nur ein Ordnungshüter, es war Toni, ein etwa 1,65 großer zierlicher Beamter. Na toll, wir sind tot, dachte ich. Toni sprang aus seinem Golf, setzte sich sein Mützchen auf und kam sofort mit Block und Bleistift auf uns zu. „Was ist hier los!“, fragte er an mich gewandt. Ich erklärte ihm den Hergang und währenddessen kam auch schon die Rettung, kümmerte sich um den Verletzten und transportierte ihn nach der Erstversorgung gleich ab. Zur selben Zeit befragte Toni den Langen, der grimmig auf den Beamten hernieder sah. Inzwischen beschäftigte ich mich mit den beiden anderen, damit sie nicht auch noch einen meiner Lieblingsbeamten verletzten.

Nach ein paar Minuten kam auch schon eine Streife zur Verstärkung vorbei, da fiel mir schon ein schwerer Stein vom Herzen. Nach kurzer Erklärung wollten nun die Polizisten die beiden Rabauken in Richtung Polizeistation abtransportieren. Doch als der Lange einsteigen sollte, wurde dieser ziemlich panisch und wehrte sich mit Händen und Füßen vor dem Einsteigen in den Kombi. Nicht einmal zu dritt konnten die Bullen ihn auf den Rücksitz des Wagens drücken. Danach wurde er mit Handschellen fixiert und trotzdem war ihm nicht beizukommen. Erst als dieser beim Wehren mit den Händen das Käppchen von Tonis Kopf schlug, war es vorbei. Toni rannte zu seinem Golf, holte seine Gummiwurst, schlug damit den Langen in den Bauch und danach in die Kniekehle und Schwupps, war dieser auch schon im Streifenwagen. Als die Streife mit dem Täter abfuhr, wollte Toni, dass die beiden anderen Fremden und auch ich noch auf den Posten nachkommen, um unsere Aussagen zu machen.

Als wir hinkamen, wurde uns noch gesagt, dass wir einen Augenblick draußen warten sollten. Währenddessen war in den Polizeiräumlichkeiten lautes Gepolter und Geschrei zu hören. Nachdem wir dann hineingebeten wurden, saß der Lange wie ein Häuflein Elend an der Wand gelehnt am Boden. An den Handgelenken floss Blut unter den Handschellen und er sah allgemein nicht mehr gut aus.

Nach so eineinhalb Stunden war dann der Spuk auch schon wieder zuende. Nach meiner Aussage rauchte ich noch eine gemütlich und genoss den langsam beginnenden Sonnenaufgang in einer Nacht, die ich mir nicht so aufregend vorgestellt hatte.

Am Abend war dann in der Festhalle das Weinlesefest, wo ich natürlich auch anwesend sein musste. Da traf ich auch Burgi, die Schwägerin unseres Versicherers. Sie war es, die mich in der Nacht vom Nachbarhaus zu meinem nächtlichen Einsatz gelotst hatte. Sie erzählte mir, wie froh sie war, dass ich zu Hilfe kam, und ich war erleichtert, dass ihrem Schwager außer dem Cut an seiner Stirn nicht mehr passiert war. So nebenbei wurde auch der Ruf von uns Bikern aufpoliert, denn Burgi erzählte es gefühlt dem ganzen Festsaal, dass ich, einer der verrufenen Wilden, der Helfer in der Not war. Sie bedankte sich für meinen Einsatz in dem Ausmaß, dass für mich das Weinlesefest fast gratis war. Der Einzige, der es nicht für nötig fand, sich bei mir zu bedanken, war das Opfer selbst. Aber egal, man hilft ja gerne.

Fischen mit Wauki

Manchmal, wenn es um mich laut, hektisch und manchmal auch verrückt wurde, freute ich mich, mit einem guten Freund beim Angeln entspannen zu können.

An einem Samstag, ganz zeitig in der Früh, es war noch dunkel, da machten sich Wauki und ich auf den Weg ins Fischerparadies, um in Ruhe unseren Alltag abzuschütteln. Es hieß zwar angeln, aber es war mehr als Fische töten, nein, es war ein Ritual. Vollbepackt mit Sack und Pack gehst du hin zum See. Den Platz wählten wir mit Bedacht und unter bestimmten Kriterien, wie Windrichtung, Gefühl und dem wichtigsten Punkt, nicht zu weit entfernt von der Fischerhütte. Als endlich der Tag dämmerte hatten wir uns schon ein lauschiges Plätzchen aufgebaut. Die Angelruten waren ausgeworfen und wir nahmen entspannt in unseren gemütlichen mitgebrachten Stühlen Platz. Es dauerte nicht lange und schon gingen unsere Bissanzeiger nach oben und siehe da, die ersten Karpfen verirrten sich in unseren Kescher. „Das wird bestimmt wieder ein guter Fangtag!", sagte ich zu Wauki, während ich neu aufköderte und wieder auswarf. Pustekuchen!! Nach dem anfänglichen Stress wurde es ruhig am See und wir hatten locker Zeit zum Quatschen. Laufend kamen nach und nach auch andere Fischerkollegen. Einige waren richtige Profis und andere kamen, packten ihr Equipment aus, warfen ihren Angelköder in den See, wo man nicht mal wusste, ob sie überhaupt einen montiert hatten. Nachdem alles erledigt war, machten sie sich auch schon auf in die Fischerhütte und wurden oft den ganzen Tag nicht mehr am Ufer gesehen.

Nach ein paar Stunde war es so ruhig geworden, dass ich langsam schon zu halluzinieren begann. Ich sah meinen Bissanzeiger, wie er sich ganz langsam nach oben bewegte. Sanftes Ziehen machte sich an meiner Schnur bemerkbar. Aus der Erfahrung wussten wir, dass dies ein Anzeichen für einen großen Fisch war. Die Schnur spannte kurz und entspannte sich wieder. Ich machte mich bereit, um ja den Anschlag nicht zu versäumen, war aber auch achtsam, dass ich nicht zu früh am Zug war, ich wollte dem Riesenfisch ja den Köder auch nicht wieder aus dem Maul reißen. Plötzlich spannte sich meine Schnur stetig und als ich mir sicher war, dass der Moment der richtige war, riss ich meine Angel mit einem Ruck hoch und … nichts mehr, kein Gegenzug, nichts.

Enttäuscht spulte ich meinen Köder ein, während mir Wauki Trost zusprach, sich aber auch kleine Seitenhiebe nicht verbeißen konnte. Nach einer Weile aufspulen traute ich meinen Augen kaum. Dort, wo eigentlich der Köder angebracht gewesen wäre, strampelte ein Frosch. Nach allgemeinem Gelächter der näheren Fischerkollegen und einem dummen Spruch Waukis entfernte ich vorsichtig den Haken vom Frosch. Der Frosch dürfte, während ich meinen Köder einholte, unter der Schnur durchgeschwommen sein, als sich der Haken an seinem Rücken verhakte. Als Quaksi wieder abtauchte, montierte ich wieder einen neuen Köder und die Warterei begann von Neuem. Nach einiger Zeit der Ruhe war plötzlich wieder was los an meinem Köder. Die Schnur spannte sich konstant und als ich dachte, den richtigen Moment erreicht zu haben, riss ich die Angel hoch und … dass gibt's ja nicht, schon wieder verpasst! Aber irgendwas war trotzdem dran. Es war ein leichter Widerstand zu spüren. Ich wartete zwischendurch mal mit dem einholen und wieder spannte sich die Schnur. Es war komisch und ich dachte, dass es wohl ein kleiner Köderfisch war, der so gierig war und sich über meine aufgehakte Speise hermachte. Als ich langsam weiter meine Leine einholte, sah ich an der Wasseroberfläche eine Entenfamilie schwimmen. Ich dachte mir weiter nichts dabei, aber meine Beobachtung machte mich trotzdem stutzig. Jedes Mal wenn ich die Rutenspitze anhob um den Köder wieder ein Stück in meine Richtung zu ziehen, drehte eine der Enten in meine Richtung ab. „Die wird doch nicht!“, dachte ich. Ich drillte wiederholt und wirklich, es war die Ente an meinem Haken gefangen. Also holte ich Schnur mit Ente behutsam ein und als sie am Ufer war, nahm ich sie mit den Händen behutsam aus dem Wasser. Ich sah, dass die arme wohl auf den Grund abgetaucht sein würde, um Futter zu suchen und dabei fand sie meinen Haken voll Mais und schnappte ihn sich. Als ich mich an die Operation machte, rührte die kleine keine Feder, saß ruhig da und vertraute mir, wie es schien. Vorsichtig zwickte ich den Widerhaken ab und fädelte den Rest so schmerzfrei als möglich durch den Schnabel. Als ich sie dann befreit wieder losließ, flog sie laut schnatternd wieder los und war, so glaub ich, froh, vom Haken genommen worden zu sein.

Während Gelächter und blöde Sprüche langsam nachließen, hatte ich auch schon den neuen Köder montiert. Als ich auswerfen wollte rutschte mir die Schnur durch die Finger und wie es der Teufel haben wollte landete mein Köder statt im See hoch oben an einem Baum und verhakte sich. Das fehlte heute noch zu meinem Glück. Wild fluchend und bei weitem nicht mehr entspannt riss auch noch meine Schnur, der Haken und Köder baumelten unerreichbar im Geäst. Nun reichte es! Weil ja ohnehin schon länger nichts mehr ging, ließen wir das Projekt „großer Karpfen“ an diesem Tag mal fallen, packten unsere Sachen und verließen diesen unheiligen Ort.

Als wir alles verstaut hatten fuhren wir ab in Richtung Heimat. Natürlich verflog mein Frust über mein Fischerpech auch gleich wieder und wir hatten während der Fahrt wieder richtig viel Spaß, der aber nur von kurzer Dauer war.

Als ich vom Freiland in den Ortsanfang von Oed kam und ich kurz mal zu Wauki blickte und mich dabei vor lachen über seinen Gag zerkugelte, sah ich beim wieder auf die Fahrbahn blickend einen netten grau melierten Herrn und grüner Uniform freundlich winken. Scheiße, mein Blick fiel auf den Tacho und Mist, ich war wieder mal zu schnell. Brav setzte ich den Blinker und fuhr nach dem grünen Männchen rechts ran. Als ich mich abschnallte, sah ich den grünen Mann schon an der Fahrertür stehen.

„Fahrzeugkontrolle!“, sagte der Herr ganz bestimmend. „Fahrzeugpapiere und aussteigen!“

Ich schnappte mir Führerschein samt Zulassung und stieg aus dem Wagen. Aus Solidarität, so dachte ich, stieg auch Wauki aus dem Auto. Während der Polizist meine Papiere studierte, steckte sich Wauki auf dem Autodach lehnend eine Zigarette an. Anstatt sie in Ruhe zu rauchen, musste er unbedingt noch eine Wortmeldung fallen lassen: „Straf ihn nur richtig, der hat es e verdient!“

Der Ordnungshüter sah Wauki kurz etwas dienstfreundlich an, wobei sich mein guter Freund gleich zu noch einer unqualifizierten Meldung hinreißen ließ. Er sah mich mit einem richtigen gesetzlosen Blick an und sagte: „Hab ich's dir nicht gesagt! Mit einem gestohlenen Auto komm ma ned weit!"

Der Polizist sah hoch und rannte nach hinten, um die Zulassung mit dem Kennzeichen zu vergleichen. Dabei, an der Beifahrerseite lehnend, cool blickend einen Zug von der Zigarette nehmend, Wauki weiter: „Herr Inspektor, da brauchens auch ned schaun, die Kennzeichen san a gestohlen!"

Während ich langsam immer kleiner wurde und mir dachte, dass mich der Ordnungshüter jetzt gleich erschießen würde, haute mein guter Freund noch einen raus: „Und im Kofferraum haben wir kein Verbandszeug, dass mussten wir wegschmeißen, dass wir für unsere Leiche Platz bekamen."

Plötzlich dämmerte es dem grünen Mann, dass er es hier mit nicht sehr sauberen Jungs zu tun hatte, und musste plötzlich auch lachen. Ehrlich gesagt, ab diesem Zeitpunkt war ich dann auch mal wieder etwas entspannter.

Als er mir mit einem Grinsen dann meine Papiere wieder übergab sagte er nur noch den einen Satz: „Zu schnell war ma trotzdem, macht dreihundert Schilling!"

Mit dem konnte ich leben, wenn ich bedenke, dass mich der Bulle wenn er etwas unentspannter gewesen wäre, hätte festnehmen können.

Nach Rechnungslegung und kurzem Smalltalk entließ uns der Ordnungshüter und noch komplett fassungslos über dieses Erlebnis fuhren wir nach Hause. Trotz meiner damaligen Fastherzattacke ist Wauki auch heute noch einer meiner besten Freunde. Mir würde sein loses Mundwerk einfach fehlen.

Das Ende

Ja, es war eine eher durchwachsene Jugend, aber trotzdem bin ich glücklich und stolz, meine Geschichten so erlebt haben zu dürfen. Das Wichtigste ist aber, meine Jugend „überlebt" zu haben. Dieses Glück hatten nicht alle meiner Freunde und Bekannten. Es ist eben das Problem, dass die schönsten Dinge im Leben auch manchmal sehr gefährlich sein können und ab und zu im schlimmsten Fall das Leben kosten. Manche Situation meiner Jugend will ich nicht mehr durchmachen müssen. Physischer und psychischer Schmerz von damals hätte ich mir oft gerne erspart, aber leider gehören diese Dinge auch zum Leben dazu.

Alles Positive wie auch Negative trug dazu bei, dass ich der Mensch wurde, der ich heute eben bin. Der Umgang mit der großen Vielfalt an Menschen, die mich durch mein Leben begleiteten, durch sie fand ich heraus, dass sich keiner gleicht und jeder ein eigenes Individuum ist. Erst als ich mit ihnen die Unterhaltung suchte, sah ich den Menschen hinter der Fassade. Der Mensch ist oft nicht das, das er scheint zu sein. Die wildesten Hunde haben oft eine total andere Seite. Sie haben oft auch Herz und manchmal auch eine zerbrochene Seele, die sie durch ihr äußeres Wesen verstecken wollen. Manchmal sind sie aber nur einsam und wollen einfach nur durch ihr raues Wesen Anerkennung erhaschen, um von einer Gemeinschaft aufgenommen zu werden.

In meiner Jugendzeit merkte ich eben, dass der Mensch von Geburt an nicht schlecht ist, aber die sogenannte Gesellschaft nimmt dich eben nur wahr, wenn du aus der Menge hervorstichst. So verändern sich viele nur aus dem

Grund, um anderen zu gefallen. Macht das nicht, seid einfach so, wie ihr euch selber gerne habt. Nur so seht ihr, wer eure wirklichen, echten Freunde sind. Auch ich habe erst mit der Zeit die wahren Freunde kennengelernt. Für die meisten war ich eben nur der Kasper und Pausenfüller, der Clown, der alle unterhält. Also waren viele meiner sogenannten Freunde doch nur gute Bekannte, denen ich nur Spaß in ihr Leben brachte, weiter nichts.

Erst als ich Hilfe brauchte und es mir manchmal auch echt schlecht ging, sah ich erst, auf wen ich wirklich zählen konnte.

Viele sind nicht geblieben, aber auf die paar kann ich mich heute noch verlassen. Auch wenn wir uns selten sehen, wissen wir, dass wir füreinander da sind, egal, was kommt.

Und allen jungen Lesern will ich noch den einen Rat mit auf den Weg geben: Vergesst wenigstens zwischendurch mal euer Handy, WhatsApp, Insta, Snapchat und den ganzen Schwachsinn, der euch die Rübe und euren Charakter aufweicht. Diese Medien machen euch die Realität kaputt. Niemand ist im wahren Leben so, wie er sich im Netz darstellt, da geht's nur um Schein und nicht sein.

Geht raus mit euren Freunden oder sucht euch welche im realen Leben, unternehmt was gemeinsam, „redet“ miteinander, habt Spaß, erlebt euer Leben, denn ich sage euch irgendwann werdet ihr sonst von eurem Handy aufsehen und merken, dass ihr keine realen Freunde habt, sondern nur Alexa, Siri oder sonstige KI.

Aus meiner Jugend kann ich euch berichten, es gibt nix Schöneres, als die Realität mit den besten Kumpels zu verbringen. Egal, ob am Bike, in der Schlammgrube oder an der Bar bei einem Bierchen und einem tiefsinnigen Gespräch mit 15% in der Birne. Niemand kann mir die Erinnerung an diese schöne Zeit nehmen und ich denke, wenn ihr so was nicht erlebt, es wird euch später einmal sehr fehlen, denn ihr werdet euren Kindern nix aus eurer Jugend erzählen können. Wäre das nicht schade?

Denkt mal drüber nach.